AF198443

Rafik Schami

Gegen die Gleichgültigkeit

Rafik Schami

Gegen die Gleichgültigkeit

Über Rassismus, Orientalismus
und den neuen Typus von Intellektuellen

Bibliografische Information der Deutschen Nationalbibliothek
Die Deutsche Nationalbibliothek verzeichnet diese
Publikation in der Deutschen Nationalbibliografie;
detaillierte bibliografische Daten sind im Internet
über http://dnb.dnb.de abrufbar.

© 2021-2024 Schiler & Mücke GbR, Berlin / Tübingen
www.schiler-muecke.de

3. Auflage 2024
2. Auflage 2023
1. Auflage 2021
Foto von Rafik Schami auf Seite 95
© Root Leeb 2021
Druck: Booksfactory.de
Printed in Poland

ISBN 978-3-89930-443-5

*Für alle, die gegen die Gleichgültigkeit
auf verlorenem Posten kämpfen.
Verloren ist noch nicht alles.*

Ein kleiner Anlass mit tiefen Wurzeln

Fünfzig Jahre ist es her, dass ich am 19. März 1971 in Frankfurt am Main angekommen bin. Ich verließ meine geliebte Stadt Damaskus im Alter von fünfundzwanzig und ahnte nicht, dass ich in einem fremden Land doppelt so viele Jahre verbringen würde.

Demokratie und Freiheit in diesem Land haben mir geholfen, meine Geschichten aus dem Gedächtnis angstfrei zu entfalten. Mögen einige den Satz übertrieben finden, aber ich empfinde ihn als eine genaue Beschreibung meiner Biografie im Exil.

1980 begann ich, öffentlich zu erzählen und ab 1982 professionell. Ich habe bis zum 12. März 2020, als die Corona-Pandemie meine Tournee mit dem neuen Roman *Die geheime Mission des Kardinals* nach dem 93. Erzählabend unterbrach, an über dreitausend Abenden in Deutschland, der Schweiz und Österreich erzählt und die Sympathie eines wunderbaren Publikums genossen.

In dieser langen Zeit und trotz allen Reisens, zu Zeiten und Unzeiten, in vollen und leeren Zügen, auf einsamen Landstraßen und Autobahnen, ist mir nie etwas zugestoßen. Ich wohnte vor fünfzig Jahren in Orten, in denen die Menschen noch nie mit einem Araber oder Aramäer gesprochen hatten. Ich wurde in einem halben Jahrhundert insgesamt nur dreimal von Rassisten direkt angegriffen. Einmal körperlich und zweimal verbal. Das ist nicht erwähnenswert im Vergleich zu den Angriffen, die ich in halb so langer Zeit in Syrien erlebt habe. Idioten gibt es überall.

Dafür habe ich in Deutschland Gastfreundschaften erlebt, deren Beschreibung ins Buch der Märchen gehört. Gastgeber, die Feste mit Freundinnen und Freunden für mich bereiteten, Gastgeber, die solche Sorge um mich hatten, dass sie mich bis zum Hotel begleiteten, da ein Monat zuvor irgendein Idiot einen Fremden in ihrer Stadt angegriffen hatte. Ja, das muss ich laut sagen: Auch wunderbare Menschen gibt es überall.

Doch eine Variante des Rassismus hat mich immer wieder gestört. Ich nannte sie den »schleichenden Rassismus«, weil sie so unauffällig ist, sodass nur wenige, sensible Menschen sie wahrnehmen können und sie ohne lange Erklärungen nur sehr schwer deutlich zu machen ist.

Nur ein simples Beispiel, um das zu verdeutlichen: Wie oft muss ich mich ärgern, wenn Bekannte und sogar Freunde irgendeinen Comedian loben, der menschenverachtende Witze über Frauen, Homosexuelle oder Menschen auf der Flucht macht. In solchen Augenblicken habe ich ein sonderbares Gefühl, das mich beim direkten Angriff der Neonazis nie befallen hat. Dort spürte ich Lebensgefahr, hier Ekel und Einsamkeit.

Selbst der Literatur- und Kulturbetrieb ist nicht frei von diesem Rassismus: Ich bekam ekelhafte, kaum begründete Ablehnungen von Zeitungsredakteuren auf meine Repliken gegen Beiträge, die die arabische Kultur herabwürdigten und in denselben Zeitungen ganze Seiten füllten. Auch Artikel über die Bereicherung der deutschen Kultur durch die Beiträge fremder Autorinnen und Autoren, deren Literatur in deutscher Sprache verfasst wird, wurden abgelehnt. Den Wortlaut einer der arroganten Ablehnungen werde ich nie vergessen: »Ihr Beitrag ist erstaunlich gut geschrieben, aber leider passt er nicht in unserer Zeitung.« Ich fragte nach, was der Redakteur denn genau mit »erstaunlich« meinen würde. Er antwortete nicht.

Ich schrieb immer wieder Antworten auf rassistische Kommentare oder auf Attacken gegen die Menschenwürde, aber ich äußerte mich in vierzig Jahren schriftstellerischer Tätigkeit niemals über negative oder positive Literaturkritik; zum einen, weil ich sie nur selten lese, und zum anderen aus Respekt vor der Meinung Anderer. Diesmal entschloss ich mich jedoch dazu, eine »Rezension« nicht unbeantwortet zu lassen.

Manfred Papst kommentierte meinen neuen Roman *Die geheime Mission des Kardinals* nicht literarisch, moralisch oder ästhetisch, sondern rassistisch. In einer kleinen Ecke der *NZZ am Sonntag* (vom 25. August 2019), in einer Spalte von nicht einmal vier mal fünf Zentimetern Größe, bemühte er sich, seinen Leserinnen und Lesern das Lesen meines Romans zu »sparen«. Die Einleitung seiner Begründung: »Orientalisch nennt man diese Form des ausufernden Erzählens gern. Bei Rafik Schami, dem Erfolgsautor aus Damaskus, der seit 1971 in Deutschland lebt, ist sie längst zur Masche geworden.«[1]

Der Anlass an sich ist winzig, seine negativen Folgen für mich gehen gegen Null, doch die Wurzeln dieser Aussage sind historisch wie gesellschaftlich tief vergraben. Sie gehören entlarvt, denn so schleichen sich Rassismus und Fremdenfeindlichkeit auffällig unauffällig in den Alltag ein, sodass man sich glatt daran gewöhnen könnte. Beides wird bei Gleichgültigkeit salonfähig.

Der Roman *Die geheime Mission des Kardinals* handelt vom Aberglauben in zwei Gesellschaften, einer elenden, wie der syrischen, und einer übersättigten, europäischen Gesellschaft. Aber es geht auch um die lebensgefährliche Suche nach der Wahrheit unter der Assad-Diktatur.

Was da in der *NZZ* steht, hat mit meinem Roman nichts zu tun, sondern ist die Haltung eines Journalisten, des ehemaligen Kulturressortleiters der

NZZ am Sonntag wohlgemerkt (2002-2017), gegenüber einem Exilautor, der seit Jahrzehnten seine geliebte Stadt Damaskus nicht betreten darf, nicht einmal für 24 Stunden, um sich von seinen todkranken Eltern zu verabschieden.

Ich schrieb also eine Replik, die Grundlage des hier vorliegenden Essays, und bot sie einer fortschrittlichen Zeitung an, mit der ich schon oft zusammengearbeitet hatte. Eine engagierte Journalistin besprach mit mir einige redaktionelle Veränderungen und der Artikel wurde für die Ausgabe vom 2. April 2020 bestimmt. Am 1. April, dem Tag der Drucklegung, schrieb mir plötzlich ein völlig anderer Redakteur um sechs Uhr abends eine E-Mail. Ohne mir eine Möglichkeit zur Mitsprache zu geben, war beschlossen worden, dass die Zeitung ohne meinen Artikel erscheinen würde. Die Begründung:

»Der große Bogen von einem einzigen Satz von Manfred Papst über den orientalistischen Diskurs und den Kolonialismus bis hin zum offenen Rassismus der Neuen und populistischen Rechten überzeugt uns als Argument nicht.«[2]

Damit schien die Sache für die Redaktion erledigt zu sein, keine weitere Erklärung, keine Entschuldigung, nichts. Das schäbige Angebot, mir ein Ausfallhonorar zu gewähren, lehnte ich ab.

In den letzten fünfzig Jahren habe ich mehr als einmal miterlebt, wie viele solche »fortschrittlichen« Redakteure leichten Fußes zu den Stichwortgebern der Rechten wurden. Der Name einer Zeitung oder eines Senders sagt im Grunde gar nichts über den Charakter der Journalisten aus. Die Metamorphose des Charakters wiederum bekümmert nur wenige, der Mehrheit der Leserinnen und Leser ist sie gleichgültig.

Dass der Artikel abgelehnt wurde, ist hierbei nicht das Problem, schließlich ist es das gute Recht einer Redaktion, sich gegen einen Beitrag zu entscheiden. Das Problem ist vielmehr, dass offensichtlich die Mehrheit der Redakteure in Manfred Papsts rassistischem Kommentar keinen Stein des Anstoßes sahen, ja, sogar den im Folgenden dargelegten Bogen von Orientalismus und Kolonialismus über das Versagen der Intellektuellen bis hin zu den neuen Rechten als überspannt und wenig überzeugend empfanden. In diesem Moment wurde mir klar, dass das Problem unserer Gesellschaft nicht nur in dem schleichenden Rassismus liegt, sondern vor allem in der Gleichgültigkeit vieler Menschen, und ich beschloss, darüber zu schreiben.

Über die Gleichgültigkeit

>*»Zerreißt den Mantel der Gleichgültigkeit,*
>*den Ihr um Euer Herz gelegt!«*
>Flugblatt der Weißen Rose, München 1943

Es gibt kaum eine Menschengruppe, die so viel Einfluss auf die Weltgeschichte hat wie die Gleichgültigen. Ihre Passivität hat zu allen Zeiten die radikalsten Umbrüche ermöglicht. Und das Bemerkenswerte daran ist, niemand spricht von ihnen. Die Gleichgültigen nehmen alles hin, wie es kommt. Sie sind weder dafür noch dagegen. Sie folgen Faschisten, Kommunisten oder Liberalen, ohne eine politische Haltung zu haben. Das garantiert ihr Überleben, denn für Gleichgültigkeit gibt es in keiner Gesellschaft eine Strafe. Die Gleichgültigen riskieren nichts und versuchen – zur Not auch auf Kosten ihrer Würde – immer auf der sicheren Seite zu sein. Engagement ist für sie ein rotes Tuch. Daher stumpfen sie mit der Zeit ab: Die Niederlage ihres Fußballvereins bewegt sie mehr als der Völkermord an Millionen.

Nichts bringt einen Gleichgültigen aus der Fassung, da er gar keine Fassung besitzt. Das Leid der anderen bedeutet für ihn nichts. Er hat stets eine Entschuldigung parat: »Man blickt nicht durch«; »Man kann als Einzelner sowieso nichts verändern«; oder: »Was da genau geschehen ist, wer weiß, vielleicht sind sie [die Opfer] selber schuld.« Er ist programmiert aufs bloße Überleben und die Geschichte bestätigt ihn heimlich. Die Gleichgültigen überleben. Und sie möchten gerne nach gesellschaftlichen Katastrophen das Unschuldslamm spielen, aber ihre Mitschuld macht sie zu einem stinkenden Hammel.

Man bildet sich ein, dass Gleichgültigkeit eine leichte Haltung wäre, aber weit gefehlt! Man muss gegen all das Menschliche in sich kämpfen, das noch nicht abgestorben ist. Wenn man beispielsweise erkennt, dass hier Hilfe, Einsatz und sogar Opferbereitschaft notwendig wären, und sich dann dennoch zwingt, unbeteiligt zu bleiben. Sicher, mit der Zeit bekommt man Übung darin, doch bis zum völligen Tod des Gewissens muss der Gleichgültige alle Spuren der Humanität ausradieren; und das ist nicht einfach. Niemand kann mir erzählen, dass der Anblick eines verhafteten Juden im Dritten Reich für seine Nachbarn, mit denen er jahrzehntelang friedlich zusammengelebt hat, so einfach im Gedächtnis ad acta gelegt wird. Das wird erst der Fall sein, wenn sich der Gleichgültige zu einem Monster des Regimes hochgearbeitet hat, aber dann gehört er nicht mehr zu den Gleichgültigen, höchstens gegenüber seinen Opfern.

Er verdrängt, verdrängt und verdrängt. Niemand kann mir erzählen, dass die Gleichgültigen nicht wissen, was passiert, wenn beispielsweise der syrische Diktator Assad Gift und Bomben über protestierenden Zivilisten abwirft. Nein, Gleichgültigkeit bedeutet nicht Unwissen, sondern verdrängtes oder gelähmtes Wissen, das zu nichts mehr taugt. Also ist die Schutzschicht, die die Gleichgültigen umgibt nicht aus Stein oder Stahl, sondern eher aus Plexiglas. Sie sehen alles, verstehen alles, aber nichts berührt sie. Manche sagen, die Seele der Gleichgültigen sei bereits tot. Das glaube ich nicht. Man spricht ihnen in mancher Analyse Gefühle ab oder meint gar, ihre sinnliche Wahrnehmung sei betäubt. Das ist übertrieben. Der oder die Gleichgültige bremst alles Euphorische, zeigt kaum Begeisterung oder Entsetzen, aber all das spürt er oder sie trotzdem.

Man muss ganz genau unterscheiden, zwischen Gelassenheit und Gleichmut auf der einen und Gleichgültigkeit auf der anderen Seite; mag auch eine oberflächliche Betrachtung zur Verwechslung führen. Gelassenheit ist die Weisheit der Ruhe, die uns ermöglicht, Dinge und Entwicklungen besser zu verstehen und umso engagierter zu handeln, ohne vom Schein der Dinge abgelenkt zu werden. So auch der Bruder der Gelassenheit, der Gleichmut, der uns auch in Krisen ermöglicht, gefasst zu bleiben und unangenehme Überraschungen und Herausforderungen zu überstehen. Beide dienen also eher einer richtigen Entscheidungsfindung und einem effektiven Handeln. Die Gleichgültigkeit bewirkt genau das Gegenteil. Sie bewirkt Indifferenz und Passivität gegenüber dem Leben, verhindert Entscheidungen und lähmt jedwedes Handeln.

Was führt zur Gleichgültigkeit?

Man muss zwischen zwei Arten der Gleichgültigkeit unterscheiden: der freiwilligen und der aufgezwungenen Gleichgültigkeit.

Die freiwillige Gleichgültigkeit ist eine individuelle Entscheidung, die auf der Angst vor Verlust, auf Egoismus, Langeweile, Einfallslosigkeit, Kälte des Herzens oder Übersättigung aufbaut. Inzwischen spricht man unter Psychologen von einer »bewussten Gleichgültigkeit« und versucht wortreich, ihr ein paar positive Eigenschaften abzugewinnen.

Die aufgezwungene Gleichgültigkeit kann von kurzer oder langer Dauer sein. Ursachen sind Depressionen oder große Enttäuschungen, seien sie ethischer Natur (zum Beispiel durch Bekanntwerden von Missbrauchsskandalen der Kirche), politischer (durch Verrat der Ideale und Prinzipien, sobald eine Partei an die Macht kommt) oder menschlicher (Verrat von Freunden). Auch der Verlust eines geliebten Menschen oder Erschöpfung können Menschen lähmen und in einer tiefen dunklen Grube festsetzen, in der die Welt mit all ihren erfreulichen wie unerfreulichen Entwicklungen nur noch gleichgültig wahrgenommen wird. Diese Art von aufgezwungener Gleichgültigkeit trifft einzelne Individuen.

Auch die Schnelllebigkeit der Gegenwart und die tägliche Dichte von erschütternden Nachrichten (Naturkatastrophen, Gewalt, Terror, Raub, Misshandlung, Korruption, Umweltzerstörung und vieles mehr) sensibilisieren nicht, sondern führen im Gegenteil eher zu einer Art von Abstumpfung. Ein Mensch muss heute an einem Tag mehr verarbeiten als seinerzeit sein Großvater in einem Jahr.

Eine Unterart der aufgezwungenen Gleichgültigkeit erzeugt die Diktatur, denn sie kann nur bestehen, wenn die Menschen zur gesichtslosen, willenlosen Herde werden. Es geht hier nicht nur um mächtige Diktaturen wie das Dritte Reich oder die Sowjetunion unter Stalin, sondern auch schäbige kleine Diktaturen funktionieren so. Zudem verlassen sie sich auf die Gleichgültigkeit der »freien« Welt, die nur daran interessiert ist, dass die Rohstoffe billig bleiben und dafür die Märkte des Landes in ihrer Hand liegen. Saddam Hussein, Muammar al-Gaddafi oder der Assad-Clan hätten nicht einmal ein halbes Jahr regieren können, wenn die Demokratien des Westens Charakter bewiesen hätten.

In solchen Diktaturen wird jede Aktivität, die dem Regime oder der Verdummung der Menschen undienlich ist, hart bestraft. Bald herrscht Angst im Land und man misstraut seinen Nächsten. Und wenn die Wände Ohren bekommen und man fast überall den Rat hört: »Es ist besser für dich, wenn du dich nicht einmischst«, dann scheint Gleichgültigkeit die einzige Rettung.

Parallel zu diesen repressiven Maßnahmen verläuft die zweite Strategie der Regime: Künstliche Verknappung der Lebensmittel, sodass die Menschen einen Großteil ihrer Lebenszeit mit dem Überleben beschäftigt sind. Bis zu drei Jobs mussten akademische Kollegen von mir in Damaskus ausüben (vormittags Lehrer, nachmittags Taxifahrer und nachts Rezeptionist), um mit ihrer kleinen Familie zu überleben. Diese bedacht programmierte Armut dezimiert auch die Utopien und die Träume der Menschen. Die Ziele materialisieren sich und werden dann zu einer schäbigen Nachahmung des Wohlstands der Herrscher: Geld, Auto, Mode, ein Smartphone oder, wenn es geht, zwei![3]

Es erstaunt aber auch in der Tat, wie Menschen, die Freiheit und Demokratie genießen, gleichgültig gegenüber Angriffen auf die Würde anderer nicht nur in fernen Kontinenten, sondern *in ihrem eigenen Land* bleiben. Ich wiederhole, die Gleichgültigen sind nicht bösartig, sondern fördern durch ihre Passivität die Bösartigen. Und damit machen sie sich schuldig.

Die Gleichgültigkeit als willkommenes Hilfsmittel zur Ausbeutung der Dritten Welt

In einer Zeit, in der die arabischen Diktatoren Menschen vor den Augen der Welt entrechten, foltern und mit Giftgas ermorden; in einer Zeit, in der Länder wie Dubai ungestraft arabischen Verbrechern wie Rami Machluf samt seiner geraubten Milliarden aus Syrien eine Garantie gegen jede gerichtliche Verfolgung geben,[4] in einer solchen Zeit wird ein Werk des bis dahin unbekannten amerikanischen Autors Mark Manson zum Bestseller in den arabischen Ländern; unter dem Titel: »Die Kunst der Gleichgültigkeit« (bezeichnenderweise fehlt im Titel der arabischen Ausgabe jedwede Ironie des Originaltitels *The Subtle Art of Not Giving a F*ck*).

Die Diktatoren bejubeln ein solches Buch. Für sie ist die Gleichgültigkeit eines der Instrumente ihrer Herrschaft. Da wird jede Stellungnahme zur Rebellion.

Der schleichende Rassismus

Ich möchte auf einige Erscheinungsformen des Rassismus eingehen, die sich unauffällig in die Gesellschaft einschleichen und bei denen die Gleichgültigkeit fördernd wirkt. Beginnen wir mit dem vorliegenden, harmlos klingenden Begriff »orientalisch«: Was steckt dahinter, wenn man die Literatur eines Autors mit diesem Wort betitelt? Versteht man darunter überhaupt eine Beleidigung als solche oder reagiert man zu sensibel, um nicht zu sagen mimosenhaft, wenn man auf die rassistische Konnotation des Begriffes hinweist?

Von den Wortsöldnern

Am Anfang meines Schaffens musste ich nicht nur die technischen Hürden überwinden, die das Schreiben in einer fremden Sprache bereithält, und gegen das frustrierende Desinteresse der Verlage sowie die Schweigemauer kämpfen, die meine ersten Veröffentlichungen umgab, sondern darüber hinaus noch die Angriffe von ein paar sogenannten deutschen »Experten« auf dem Gebiet der arabischen Literatur abwehren.

Sie brachten schon damals ähnliche Argumente vor, wie Herr Papst heute, 33 Jahre und sieben

Romane später: Ich würde »orientalisch« erzählen und das Leben in Syrien beschönigen ... Doch anders als er waren diese »Experten« Handlanger der arabischen Diktaturen, und manche sind es bis heute geblieben. Es sind Deutsche, die uns Exilautoren unterstellten, wir seien zu orientalisch und nicht politisch genug ... Sie selbst waren aber zu Gast bei den Diktaturen in Damaskus, Bagdad, Riad, Tripoli oder Kairo und diffamierten uns dort, je nach Soldzahler, wir würden den Islam, unsere Länder, Kultur oder Völker beleidigen.

Damals wunderte ich mich darüber, als ein deutscher »Experte« meinen Roman *Eine Hand voller Sterne* (1987), der vom Widerstand der Jugendlichen gegen die Diktatur erzählt, als »kitschig orientalisch« bezeichnete. Der Roman ist in nüchterner, schnörkelloser Tagebuchform geschrieben! Das wiederholte sich bei *Erzähler der Nacht* (1989), einem Roman, der allegorisch von der Verstummung eines erzählfreudigen Volkes unter einem repressiven Regime berichtet. Und auch bei jeder weiteren Neuerscheinung bemühten sich die »Experten« zu beweisen, wie »orientalisch« mein Werk sei.

Es ging so weit, dass dieselben Experten durch zwielichtige Beziehungen in Kairo die Übersetzung meines Werkes *Das Geheimnis des Kalligraphen* ins Arabische verhinderten – eines Romans, der zeigt, wie gefährdet ein syrischer Kalligraph lebt, der die arabische Sprache reformieren will, gegen den Widerstand der Islamisten, die behaupten, Arabisch sei die Sprache Gottes und bedürfe keiner Reformen. (Diktaturen schätzen die Wirkung der Literatur besser ein als man vermutet. Meine Bücher, die in über dreißig Sprachen erschienen sind, sind in Syrien und vielen arabischen Ländern bis heute noch verboten.)

Ich fragte mich damals, woher diese Ignoranz kommt, doch bald fand ich die Antwort. Meine Literatur war nie der eigentliche Gegenstand ihrer falschen Urteile, sondern sie äußern lediglich ihre festgefahrene rassistische Haltung, die das fortsetzt, was ihre Vorbilder geschrieben haben. Sie handeln ähnlich denjenigen Orientalisten und Reisenden im 19. Jahrhundert, die genau sehen konnten, wie die Realität in den arabischen Ländern war, aber nicht sie beschrieben, sondern lieber die festsitzenden Vorurteile ihrer Institutionen bestätigten und dafür dann mit einer Anerkennung belohnt wurden; wie ein Hund, der nach Befehl »Sitz!« ein Leckerli bekommt. Aber was haben sie mit den Informationen gemacht, die sie in diesen Ländern gesammelt haben? Die Antwort liegt historisch gesehen auf der Hand:

»Das Wissen, das die westlichen For-
scher und Spione sammelten, war
allerdings nie nur ein interesseloser
Erkenntnisgewinn. Es war stets ein
Beitrag zum Aufbau von Kolonien, zu
Eroberungskriegen oder zu ›humani-
tären‹ Interventionen.«[5]

Auch deshalb habe ich die »Experten« und ihre
arabischen Freunde »Wortsöldner« genannt.

Der fruchtbare Schoß des Hasses

Bevor ich das Wort »orientalisch« analysiere, sollte
ich vielleicht erwähnen, dass es eine traurige
Wahrheit gibt, die man nicht übersehen darf,
nämlich die gestörte Beziehung zwischen den
Völkern Europas und den Völkern Persiens, der
Türkei und der arabischen Länder. Man tröstet uns
über die Philosophie, Naturwissenschaft, Religionen, Kunst und andere Kulturgüter, die vom alten
Ägypten nach Griechenland, ins römische Reich,
von Persien, den diversen arabischen Reichen und
über Spanien nach Europa transportiert wurden.
All das ist wahr, doch es war immer Krieg, der die
Beziehungen überschattete. Nicht erst heute. Die
Perser sind die einzigen ernstzunehmenden Wider-
sacher des großen griechischen Eroberers Alexan-

der gewesen. Und sie sind die Widersacher der Großmacht Amerika, nicht erst seit Donald Trump an die Macht kam, sondern schon seit dem Sturz des Schahs 1979. Es gibt keine andere regionale Macht, die den Amerikanern die Stirn bietet.

Die muslimischen Araber klopften mit kriegerischer Hand an die Tore Europas, durch die Eroberungen von Spanien und Sizilien, und ihr Versuch, weiter nach Westeuropa vorzudringen, wurde erst durch Karl Martells Sieg bei Poitiers im Oktober 732 gestoppt. Über 350 Jahre später (1095) fand mit dem ersten von der Kirche sanktionierten Kreuzzug gegen die Araber der Gegenschlag statt, und es sollten noch über 200 Jahre lang weitere Kreuzzüge folgen, nicht zu vergessen die Reconquista, die über sieben Jahrhunderte andauerte und die 1492 mit der Vertreibung der Araber und Juden aus Spanien endete.

Später belagerten die muslimischen Osmanen zweimal Wien (1529 und 1683) und nicht zuletzt setzten die Kolonialmächte Frankreich und Großbritannien diese aggressive Geschichte durch die Aufteilung der arabischen Welt fort, deren Folgen bis heute nachwirken. Trump hat insofern mit seiner Haltung gegenüber dem Iran nichts Neues erfunden. Der Boden war und ist auf beiden Seiten fruchtbar für jede Gattung des Hasses. Eine davon ist der Orientalismus.

Wo liegt das Land Orient?

Man muss hier kein Rosinenpicker sein. Natürlich kann man, bei hilflosem, aber respektvollem Gebrauch der Begriffe »Orient« und »Okzident«, beziehungsweise »Morgenland« und »Abendland« ein Auge zudrücken, sei es bei Speisen (weil man das Wort orientalisch verständlicher oder spannender findet als zu sagen: »ein Gericht aus den algerischen Bergen« oder »aus der libanesischen Küstenstadt Sidon«), bei der Musik (weil man zu wenig weiß über die arabische, persische, indische, türkische oder jüdische Musik), der Kunst (dito) oder der Literatur (dito).

Bei Goethe, mit dem ich mich Jahre beschäftigt habe,[6] bin ich sogar bereit, beide Augen zuzudrücken, vor diesem universellen Freund aller Kulturen, voller Vertrauen und Genuss. Denn wenn Goethe seinen Lyrikband *West-östlicher Divan* nennt, dann beabsichtigt er damit einen Dialog auf Augenhöhe. Übrigens stand der Titel in der Titelei der Originalausgabe auch auf Arabisch; dort heißt es: *Der östliche Divan des westlichen Autors.* Seine Haltung vor 200 Jahren gegenüber fremden Kulturen, seien es italienische, persische, arabische, französische oder chinesische, ist bis heute kaum erreicht. Er war ein Weltbürger im Gegensatz zu Hegel, der in seinem Preußentum gefangen blieb.[7]

Hier aber geht es um den rassistischen Gebrauch des Begriffs Orient als Verunglimpfung des »Anderen«. Alle, die kulturell etwas als »orientalisch« bezeichnen, meinen nicht die großen kulturellen Leistungen, die die Völker Indiens, Persiens, der Türkei und der arabischen Länder auch der europäischen Zivilisation gegeben haben. Mit dem Wort »kulturell« schließe ich alle Bereiche des Lebens mit ein, vom Philosophischen, Religiösen, Medizinischen, Technischen, Künstlerischen bis hin zum Alltagsleben und sogar bis zum Kochen.

»Orientalisch« hingegen ist für die westlichen Herren das rückständige, das andere Fremde. Spätestens seit Edward Saids umfassender Arbeit *Orientalism* (1978) und der Debatte, die sie ausgelöst hat, wissen wir, dass *der Orient* eine westeuropäische Erfindung ist.[8]

Die Literatur und die akademische Forschung, vor allem die Orientalistik, verschulden den Missbrauch des Wortes »Orient«. Sie haben die Menschen und ihre Kulturen in Misskredit gebracht und dienten dem Kolonialismus, der wohl auf dem rassistischen Grundgedanken aufbaut: Der Westen sei zivilisiert und die anderen, die Orientalen, seien primitive Völker, die beherrscht und geleitet werden müssen.

»Der moderne Orientalist hielt sich für
einen Helden, der den Orient aus einer
von ihm persönlich diagnostizierten
Dunkelheit, Entrücktheit und Fremd-
artigkeit errettete.«[9]

Saids Arbeit war, trotz einiger Mängel revolutionär.
Sie löste Debatten aus, in deren Verlauf viele
Aspekte neu dazukamen, wie beispielsweise die
deutsche Orientalistik, die Said kaum beachtete, da
er nur die englischen und französischen Werke
analysierte und die arabische Kultur und den Islam
in den Mittelpunkt stellte. Die deutsche Orientalistik
war weder frei von Rassismus noch von den Inte-
ressen der jeweiligen Herrscher. Die Deutschen
hatten aber in den arabisch-islamischen Ländern
keine Kolonien, deshalb hegten sie eine aggressive
Haltung gegen Briten und Franzosen und ver-
bündeten sich mit den Osmanen. Sie kritisierten in
einer antiwestlichen Haltung das Moderne und
viele Schriftsteller romantisierten ihren »Orient«.
Karl Mays Romane sind nur ein extremes Beispiel,
aber Kara Ben Nemsi war für Millionen Kinder der
geliebte Türöffner zu einer fremden Welt. All diese
Autoren beweinten – im Interesse ihrer Herrscher –
die Zerstörung der arabischen und islamischen
Welt.

Aber auch die Malerei trug vor allem im 19. Jahrhundert zum falschen Bild eines »Orients« bei, den die Maler erfanden. Der »Orient« wurde der Ort der Dekadenz und Sinnlichkeit. Die Franzosen (Eugène Delacroix, Théodore Frère, Jean-Léon Gérôme) und die Deutschen (Gustav Bauernfeind, Leopold Müller oder Carl Wuttke) trugen tüchtig dazu bei.

Diese künstlich konstruierte Dualität Orient-Okzident, Morgenland-Abendland polarisiert und dient der Trennung. Der Andere wird exotisch. Die schiefen Bilder vom »Anderen« existieren auch in den Köpfen der Menschen in den arabischen und islamischen Ländern. Dort unterstützen sie die Bildung eines rassistischen Nationalismus und eines hasserfüllten Islamismus, aber all diese Länder und ihre Völker sind militärisch und wirtschaftlich unterlegen, deshalb wird von ihnen bis auf weiteres keine ernsthafte bedrohliche Konsequenz für die westlichen Länder ausgehen. Saudi-Arabien und Katar sind die Hauptfinanziers der Islamisten und sie sind im Grunde fest in amerikanischer Hand.

Ein anderes Bild der Orientalistik lieferten jüdische Wissenschaftler, allen voran der große Islamwissenschaftler Ignaz Goldziher (1850-1921). Sie distanzierten sich von den christlichen Vorurteilen und wandten sich, unter dem Druck des aufkommenden europäisch-christlichen Antisemitismus, der Erinnerung an eine gemeinsame jüdisch-islamische Hochkultur in Spanien zu. Die deutschen Antisemiten betonen nicht selten das »orientalische« Wesen der Juden (Bruno Bauer). Sie nannten sie verächtlich »deutsch redende Orientalen« (Heinrich von Treitschke).[10]

Auch wenn sich in ihren Texten häufig übertriebene positive Bilder finden (vor allem über die Zeit in Spanien), waren die jüdischen Orientalisten meist fair gegenüber dem Islam.

Also, einen Orient als Land gibt es nicht. Der Begriff ist eine westliche Imagination, ein Konstrukt für den Westen, um sich im Kontrast zu ihm zu definieren. Der großartige Soziologe und Kulturtheoretiker Stuart Hall (1932-2014) brachte die überhebliche eurozentrische Haltung mit einem Satz auf den Punkt: »The West and the Rest.«[11]

Die europäischen Orientalisten und Literaten erfanden eine Menge Eigenschaften, die sie Indien, Persien, der Türkei und den arabischen Ländern andichteten. Sie imaginierten sogar einen friedlichen, bunten Orient für Indien und setzten dem ein böses, unmoralisches Gegenbild »Arabien« gegenüber. Demnach ist der Orientale chaotisch, antriebslos und hinterhältig, dabei unfähig, logisch zu denken.

Die europäischen Romantiker projizierten wiederum ihre Sehnsüchte dorthin und erzeugten eine zweite Seite der rassistischen Medaille: der Orientale sei sinnlich, müßiggängerisch, faul, erotisch, genießerisch, feminin und farbenfroh. Will man wissen, wie verlogen die Begriffe ›Orient‹ und ›orientalisch‹ sind, sollte man sich einfach fünf Minuten Zeit nehmen, um ein kleines Land wie den Libanon näher zu betrachten. Man würde eine große Liste der dort lebenden Ethnien, Religionen und Kulturen anlegen müssen.

Es ist umstritten, ob die begriffliche Dualität Orient-Okzident ihren Ursprung schon bei den alten Griechen (beispielsweise Homer) hat oder erst später, im Mittelalter Verwendung fand, als man den Islam zu einer schlechten Kopie des Christentums herabzusetzen versuchte. Doch unbestritten findet sich der Begriff systematisch eingesetzt und als geistiger Wegbereiter des Kolonialismus im 18. und 19. Jahrhundert. Hier spielte die erste Übersetzung von *Tausendundeine Nacht* ins Französische eine große Rolle bei der Bildung dieser schiefen Vorstellungen vom »Orientalischen«.[12]

Erstaunlicherweise überlebten diese rassistischen Vorurteile den Kolonialismus und sind im 20. und 21. Jahrhundert ein Teil des speziellen Rassismus gegen Muslime und Araber geworden. Auch heute ist es so, selbst wenn das Hassobjekt weder Araber noch Muslim ist. Es reicht, dass er oder – seltener – sie aus einem dieser Länder stammt.

Doch auch die positiveren Klischees vom »Orientalischen« überlebten trotz der Kriege und trotz der Modernität der arabischen, islamischen Länder in den Köpfen vieler Europäer bis heute. Die geheimnisvolle, erotisierende, mit bunten, aber durchsichtigen Tüchern umhüllte Bauchtänzerin gehört zu diesen Vorstellungen, die von den Veranstaltern des Massentourismus gepflegt und vermarktet werden. Heute wissen die Menschen durch die Nachrichten viel mehr über die politische Situation in einzelnen arabischen Ländern, dem Iran und der Türkei, und trotzdem bleibt das andere, eher ästhetisch-kitschige Bild des Orients in den Köpfen bestehen.[13]

Unter »Orientale« und »orientalisch« meint ein Rassist nicht den Bewohner eines bestimmten Landes oder Angehörigen einer Religion, sondern ihm dient diese Bezeichnung als Unterscheidungsmerkmal für alles, was in seinen Augen nicht europäisch, nicht modern oder zivilisiert ist, verbunden mit der eindeutigen Zuschreibung, der Orientale sei Moslem. Alle Differenzen der Ethnien und Religionen vertuscht er durch die Orientalisierung. Damit kann der Rassist alles als »orientalisch« verurteilen, was ihm nicht passt. Dabei ist er so dumm, dass er durch die ganze Geschichte des Abendlandes hindurch immer den Islam und das Judentum als »orientalisch« verurteilt und darüber vergisst, dass das Christentum auch aus Palästina/Israel stammt.[14]

Der Orientalismus formt heute nach wie vor das politische Bewusstsein mit. Er hat sich aber seit dem, was in Edward Saids Buch vor 42 Jahren beschrieben wurde, gewandelt. Abgesehen von Ausnahmen (beispielsweise der Orientalist und Islamwissenschaftler Bernard Lewis als Berater für George W. Bush) dient er weniger als wissenschaftlicher Berater der Regierenden, sondern vielmehr in einer verbreiteten rassistischen Überheblichkeit als Kritik gegen Denker und Schriftsteller aus den arabischen oder muslimischen Ländern.

> »Orientalismus ist, wenn dieser Experte einem arabischen Kritiker, der seine auf ›rein wissenschaftlichen‹ Daten basierenden Aussagen anzweifelt, den Vorwurf macht, dass der ›emotional‹ reagiere – und am Ende selbst in Rage gerät, weil dieser sture Orientale ihn einfach nicht verstehen will.«[15]

Man darf nicht vergessen, wie der damals neunundzwanzigjährige *FAZ*-Redakteur Frank Schirrmacher, eurozentristisch und überheblich auf die Verleihung des Nobelpreises an Nagib Mahfuz durch die schwedische Akademie im Jahre 1988 reagiert hat:

> »Sollte sie weiterhin solche Urteile treffen, ist sie auf dem besten Wege, ihre Reputation ein für alle Mal zu verspielen. [...] denn kaum jemand in Europa kennt Nagib Mahfuz, von dessen Namen mindestens fünf verschiedene Schreibweisen existieren, kaum jemand hat seine Werke gelesen, wenige wussten überhaupt von seiner Existenz.«[16]

Es reicht diesem Literaturkritiker sein eigenes Unwissen als Beweis der Untauglichkeit einer Literatur, die er nicht gelesen hat. Das ist Orientalismus. Und ausgerechnet dieser Mann kommentierte als »Experte« die Frankfurter Buchmesse im Jahr 2004, als die arabischen Länder zu Gast waren.

Das ist der Hintergrund der rassistischen Kritik an meiner Literatur, so wie sie Manfred Papst praktiziert hat. Ist sie aber im Jahre 2019 eine solitäre Erscheinung? Nein, eine Welle des Rassismus überzieht die Medien seit genau fünf Jahren. Diese Welle hätte kaum Einfluss, wenn sie von der mittlerweile bedeutungslosen NPD oder der DVU ausgelöst worden wäre, aber ihre Auslöser sind geübte Medienintellektuelle.

Die neue Welle der Fremdenfeindlichkeit

Spätestens seit 2015 mehrten sich die Angriffe gegen mich. Damals bemerkte ich immer häufiger Aggressionen auch im feinen Milieu der Literaturkritik gegen meinen Roman *Sophia*, der von der Unmöglichkeit der Rückkehr eines exilierten Menschen handelt. Die meisten Angriffe waren nie wirklich bedrohlich, sondern einfach unbegründete Unterstellungen, die mich aber nicht erreichen konnten. Damit hatte ich schon gerechnet, als ich mich hinter die Geflüchteten stellte, gegen die rassistischen Angriffe, die langsam salonfähig wurden, nicht zuletzt durch Comedians vom Schlage eines Dieter Nuhr, die bei jedem Auftritt über Flüchtlinge und den Islam witzelten. Damit unterhielten sie nicht nur ein gelangweiltes, gleichgültiges Publikum, sondern lieferten die Stichworte für Rassisten. Sie waren inhaltlich auf Niveau der NPD mit ihren Wahlplakaten: »Geld für die Oma statt für Sinti und Roma«. Man höre und staune, mehrere Gerichte haben die Klage des Zentralrats der Sinti und Roma abgewiesen, zuletzt in München:

> »Das Verwaltungsgericht München hat
> die Klage des Zentralrats der Sinti und
> Roma gegen die Stadt Ingolstadt wegen

eines NPD-Plakats abgewiesen. Der
Spruch ›Geld für die Oma statt für Sinti
und Roma‹ sei von der Meinungsfrei-
heit gedeckt, so das Gericht.«[17]

Auch von den Islamisten bekam ich die Wut zu
spüren, vor allem gegen meinen Leitfaden *Zehn
Ratschläge für Geflüchtete*, der von den Helfern
gerne gebraucht wurde und bald in sechs Sprachen
zu lesen war.[18] Darin warnte ich die Geflüchteten
vor den Islamisten, die ihnen in den Heimen und
Lagern auflauerten.

Fremdenfeindlichkeit ist genau bemessen, sie
richtet sich meistens nicht nach dem Pass, sondern
nach deutlichen Unterschieden wie der Hautfarbe,
der Religion oder der Kultur. Schweden und Briten,
Dänen und Finnen haben in Deutschland weniger
Probleme mit den Xenophoben als Araber, Afrikaner
oder Pakistaner. Die Fremdenfeinde kümmern sich
kaum um die feinen Unterschiede. Bei den Beschimpfungen, die ich bekam, sind die Absender
zwar über meine Herkunft informiert, übersehen
sie aber absichtlich, um ihre Beschimpfungen zu
begründen. Sie verwandeln mich in ihrer kranken
Fantasie von einem aramäischen Christen zu einem
arabischen Islamisten. So beispielsweise in dieser
E-Mail eines offensichtlichen Fachmanns:

»Gehen Sie nach Hause. Gehen Sie nach Mekka oder Teheran. Ihr islamischer Hass ist hier nicht willkommen!«

Die Ungastlichkeit

Mich haben Sticheleien mancher Literaturkritiker, die es nicht würdigten, dass ein fremder Autor in deutscher Sprache versucht, eine neue, auf der mündlichen Erzählkunst aufbauende Literatur einzuführen, kaum gestört. Meine Geschichten erzählen nicht von Prinzen und Prinzessinnen, sondern behandeln Probleme unserer Zeit. Ich lege sie schriftlich fest, um sie auf großen Tourneen mündlich zu vermitteln.

Wenn es bei den Sticheleien geblieben wäre, wäre das nicht der Rede wert, aber damals wie heute schleimen sich solche »Experten« in den Feuilletons nach oben und einer schaffte es sogar, eine Schimpftirade gegen mich im *Börsenblatt* [19] zur Eröffnung der Buchmesse 2004 (Ehrengast: Arabische Welt) unterzubringen. Das muss man sich vorstellen. Das *Börsenblatt* ist ein neutrales Blatt für den Buchhandel, das nie politische oder kritische Statements veröffentlicht, aber die Beleidigung eines Exilautors sei dem Redakteur nicht aufgefallen, hieß es anschließend in der brieflichen Entschuldigung.

Manche Literaturkritiker versuchten sogar rücksichtslos, meine Lesungen zu torpedieren. Hier zwei Beispiele: Im Herbst 1990 versuchte Martin Lüdke, mein Publikum in Frankfurt zu überzeugen, dass mein Roman *Erzähler der Nacht* (inzwischen in 23 Sprachen übersetzt) keine Literatur darstelle. Das Publikum war empört und machte ihn fertig.[20]

Martin Ebel, der Leiter der Literaturredaktion des Zürcher *Tages-Anzeiger* versuchte 2015 als Moderator meine Lesung, die seit Monaten als Erzählabend im Zürcher Kulturhaus »Kaufleuten« mit dem Roman *Sophia* angekündigt war,[21] zu einer Diskussion mit ihm umzumodeln; und als ich das im Vorfeld ablehnte, versuchte er, mich vor meinem Publikum zu beleidigen, als »Frauenversteher« und »Warmduscher«. Die Lesung konnte ich durch die Sympathie meines Publikums und mein gutes Gedächtnis retten.

Hätte ich nicht offene, erfahrene und erhabene Literaturkritiker und Literaturkritikerinnen wie Roswitha Budeus-Budde, Wolfgang Niess, Klaus Farin, Patrik Landolt, Leonie Berger, Fritz J. Raddatz, Denis Scheck, Silke Arning, Rolf Brockschmidt, Dagmar Gilcher, Alexander Wasner, Felix Schneider, Martin Oehlen, Thomas Wolff und viele andere erlebt, so hätte ich nie wieder einem Kritiker erlaubt, mit mir auf der Bühne zu stehen.

Die heutige Fremden- und vor allem Islamfeind-lichkeit hat viele Elemente vom Orientalismus übernommen. So beispielsweise das Stereotyp des Muslims als gewalttätig, übersexualisiert und un-zivilisiert, irrational und allen Werten des christ-lichen Abendlands gegenüber feindlich gesinnt. Und wie beim Orientalismus sprechen die Fremden-feinde nicht von Syrern, Libanesen oder Marok-kanern, sondern nur von Muslimen.

Eine hässliche Familie

Dass die Irrlehren des Orientalismus noch lange Früchte tragen, zeigen nicht nur die Rassisten, son-dern auch ein anderes, hässlicheres Phänomen, das viel unbeachteter in der Gesellschaft existiert: die Völkerschau.

Die Völkerschau ist eine Tochter des Orien-talismus und Kolonialismus. Damit ist die rassis-tische Zurschaustellung von Menschen aus anderen Kontinenten gemeint, ähnlich den gefangenen wilden Tieren in den Zoos, in Museen, manchmal auch im Zirkus oder auf Jahrmärkten Europas und Nordamerikas. Völkerschauen kamen zwischen 1870 und 1940 in Mode und wurden von Millionen Zuschauern besucht.

Eine eurozentristische Wahrnehmung war im 19. Jahrhundert und bis in die erste Hälfte des 20.

Jahrhunderts kennzeichnend auch für explizit kulturwissenschaftlich Reisende. Außereuropäische ›Völker‹ und ihre kulturellen Praktiken wurden vermessen, klassifiziert und auch in Museen ausgestellt, als ob es sich um Menschen und ihre Praktiken handelte, die ein früheres Stadium in der Menschheitsgeschichte darstellen würden.[22]

Die Schau baute darauf, dass sich die Zuschauer befriedigt und überlegen fühlen. In dieser Zeit wurden in Deutschland mehr als 300 Menschengruppen aus unterschiedlichen Kulturen vorgeführt. Da standen Männer, Frauen und Kinder und mussten die überheblichen Blicke der Gaffer und nicht selten das kalte Wetter im Norden ertragen. Auch Länder, die keine Kolonien hatten, wie die Schweiz, führten solche Völkerschauen auf (Genf 1896, im Basler Zoo 1870-1935, Zürich 1925).

Die Zürcher Germanistin Rea Brändle hat in ihrem Buch *Wildfremd, hautnah* (1995) Pionierarbeit geleistet und die Völkerschauen in der Schweiz sachlich beschrieben.[23] Dort berichtet sie auch über ein Hüttendorf, »Negerdörfli« genannt, in Altstetten, das im Sommer 1925 zwecks Volksbelustigung 74 Personen aus Westafrika vorführte, die später an Fehlernährung erkrankten oder gar starben. Auch der berühmte Schweizer Nationalcircus Knie zeigte bis 1964 (!) neben wilden Tieren auch Menschen aus Afrika. 1955 verkündeten die

Plakate: »Afrika ruft, Sitten- und Völkerschau. Neger aus dem Sudan. Sechs Männer, drei Frauen, zwei Kinder.«

Manchmal erstaunt es einen, wie solche rassistischen Denkweisen den Kolonialismus überlebt haben. Noch im Jahre 2005 (!) warb der Augsburger Zoo für eine Veranstaltung unter dem Namen »African Village« (vom 9. bis 12. Juni 2005). Zoodirektorin Barbara Jantschke zeigte sich nicht nur als naive, sondern vor allem als unbelehrbare, gleichgültige Person. Dies ist ein klassischer Fall, wo Gedankenlosigkeit und Gleichgültigkeit in Rassismus umkippen. Auch der Oberbürgermeister Paul Wengert (von der SPD – Oh, armer August Bebel!) erklärte, »gerade für afrikanische Vereine sei es »bekanntlich schwer«, wahrgenommen zu werden. Da sei der Zoo – als Besuchermagnet – genau der richtige Ort.[24]

Es gab vehemente Proteste und Strafanzeigen. Ein Dokument des Max-Planck-Institutes fasst genau und sachlich zusammen, was in Augsburg gefehlt hat: Respekt vor anderen Kulturen:

> »Wir kommen zu dem Schluss, dass Respekt gegenüber anderen bedeutet, die Gleichheit der Menschen und ihre kulturellen Unterschiede wertzuschätzen. Afrikanisches Handwerk, Essen

und kulturelle Darbietungen gehören nicht in den Zoo. Die Tatsache, dass allein Afrikaner für eine solche Veranstaltung gewählt wurden, gibt Anlass zur Besorgnis.«[25]

Die Genese des modernen Rassismus

Auch der Rassismus entwickelt und passt sich an. Man sollte ihn nie unterschätzen. Die Rassisten ließen zunehmend die Finger von den biologischen Unterschieden, von der Überlegenheit einer Rasse, da es diese nachweislich nicht gibt. Die biologische Überlegenheit einer Rasse kam nach dem Sturz der Nationalsozialisten ohnehin in Verruf. Doch da sie nach kultureller und politischer Dominanz streben, erfanden die Rassisten den kulturellen Unterschied. Möge der Andere uns, den Herren der Welt, biologisch gleich sein, so ist er kulturell ein primitiver »Anderer« als »Wir«, die Zivilisierten.

So klingen die Hasstiraden der Islamfeinde. Sie argumentieren nicht biologisch, sondern kulturrassistisch. Es handelt sich also um einen »Rassismus ohne Rasse«, wie ihn Étienne Balibar und Immanuel Wallerstein beschrieben haben.[26]

Die Kulturen haben nach der Ansicht moderner Rassisten untereinander unaufhebbare Differenzen, sind deshalb untereinander unvereinbar und jede

Verwischung der Grenzen ist schädlich.[27] Das ist der zentrale Punkt in allen Argumenten von Pegida, AfD und der alten Herren, den sogenannten »Medienintellektuellen«. Hier in Deutschland projizieren die Rassisten ihre Abneigung auf den Islam: »Sie ist verbunden mit einem Bild des Islam als einer mit dem europäischen Denken *(européicité)* unvereinbaren ›Weltanschauung‹.«[28]

Ein berühmtes Beispiel ist die Theorie des amerikanischen Politwissenschaftlers Samuel Huntington vom »Clash of Civilizations«. Seine zentrale These ist, dass die Konflikte nach dem Zusammenbruch des Ostblocks nur noch kulturell sein werden. Und er betont die Notwendigkeit der Abgrenzung nach außen; also wieder die Trennung zwischen »us« und »them« – »uns« und »denen«. Huntington war ein Hetzer. Er erging sich in seinem Hass gegen die von ihm erfundene »Confucian-Islamic connection« und man kann sich sehr plastisch vorstellen, welche Art von Berater er für das US-Außenministerium war. Sein Hirn kannte vor allem einen Feind: den Islam.

Heute binden die Rechtsextremisten in vielen Ländern die Kultur territorial. Damit werden sie attraktiv, nicht nur für armselige Menschen, die verzweifelt nach etwas suchen, das sie aufwertet, sondern auch für viele einflussreiche Konservative und Nationalisten.

Die »neuen« Intellektuellen

Der Aufstieg der Rechten baute zum größten Teil auf dem bereits existierenden Fremdenhass und auf der Gleichgültigkeit weiter Teile der Gesellschaft auf. Das geschah weder plötzlich noch überraschend. Im Gegenteil, die medienerfahrenen Angstmacher waren die besten Helfer. Prominente, die viele im Nebel der verbalen Beteuerungen für Linke gehalten hatten, erwiesen sich nun als Stichwortgeber für die AfD. So ist beispielsweise »Lügenäther« (Peter Sloterdijk) der Wegbereiter des »Lügenpresse«-Begriffs. Dies ist doppelt verwunderlich, weil viele hochrangige Parteifunktionäre der AfD selbst aus den Medienhäusern kamen oder sogar bis heute dort arbeiten. Sloterdijk selbst verdankt eine beträchtliche Portion seiner Bekanntheit den Medien. Aber die Legende der Lügenpresse ist ein Teil der Strategie der Rechten.

Ein Beispiel: In einem Interview mit dem *Mannheimer Morgen* sagte Frauke Petry, die deutschen Polizisten müssten im Notfall auch auf Flüchtlinge schießen, um die deutschen Grenzen zu sichern.[29] Nach der Empörung spielte die AfD, trotz vorheriger Autorisierung des Interviews die altbewährte Rolle als ›Opfer der Lügenpresse‹. Das ist einstudierte

Strategie, wie Daniel Bax in seinem Buch *Die Volks-verführer* nachweist:

> »Die kalkulierte Grenzüberschreitung
> ist ein zentraler Bestandteil der AfD-Strategie, wie aus einem vertraulichen
> Strategiepapier hervorgeht, das 2017 an
> die Öffentlichkeit gelangte … Wenn sie
> ihre Aussagen später unter Druck
> zurückziehen oder relativieren, könn-ten sie sich umso besser als Opfer eines
> vermeintlichen Meinungskonformis-mus darstellen und beklagen, dass die
> Meinungsfreiheit angeblich einge-schränkt sei. Das wiederum bediene die
> Sensationslust vieler Medien und sorge
> für Klicks, Auflage und Quote – ein
> verführerisches Argument für viele
> Medien.«[30]

Populisten sind immer willkommen, leider nicht nur in der Yellow Press, sondern auch in seriösen Zeitungen und Talkshows der diversen Fernsehanstalten. Der erfahrene Salonprovokateur Botho Strauß schürt die Angst vor Vermischung der Gene und der Unterwerfung der Deutschen,[31] der ehemalige ZDF-Philosoph Sloterdijk steht ihm in nichts nach. Er spricht von der »Überrollung Deutschlands durch Flüchtlinge.«[32] Rüdiger Safranski, einst maoistischer KPD-AO-Mitgründer, verkündete seine Angst um die deutschen Frauen wegen der angeblichen Geilheit der Migranten,[33] und er warnt vor der Überflutung Deutschlands mit Fremden.[34]

Wolfgang Michael Gedeon, auch ein ehemaliges KPD/ML-Mitglied wie Safranski und späterer Esoteriker wie Peter Sloterdijk, war lange Zeit eine der führenden Stimmen der AfD in Baden-Württemberg. Seine Äußerungen sind oft vom Antisemitismus und Hass gegen den Islam diktiert.

Die Angst vor der Islamisierung Deutschlands beschwört Thilo Sarrazin in seinen Büchern. Dieser ehemalige SPD-Senator hat in Berlin neben mehreren anderen Skandalen[35] den Wohnungsausverkauf an den US-Investor Cerberus zu verantworten.[36] Aber niemand bestrafte ihn; und ich wette, würde man ihn wegen Korruption anklagen, wäre der Fall bereits verjährt. Solche Verkäufe sind eine der Hauptursachen der Wohnungsnot in Berlin. Darüber berichtet Sarrazin nicht, sondern über Deutschland, das sich angeblich abschafft.

Der ehemalige Marxist Matthias Matussek, nach eigenen Angaben »Sympathisant der Identitären«,[37] stimmt in sein Lied mit ein. All diese alten Herren sind geübte Wortkünstler und wissen wohl von der Wirkung ihrer Panikmache. Andere, wie Reinhard Jirgl, die öffentlich bisher kaum den Mund aufgemacht haben, sehen plötzlich in den Geflüchteten eine US-Verschwörung, um Europa wirtschaftlich und politisch zu deregulieren.[38]

Akif Pirinçci scheute sich weder, die Muslime in Deutschland als »Moslem-Müllhalde« zu bezeichnen, noch von einer »Umvolkung«[39] der Deutschen durch Fremde zu sprechen.

In seinem Buch *Heiliger Krieg in Europa* phantasierte Udo Ulfkotte von einem muslimischen »zentralen Geheimbund, der mit grenzenlosem Hass und einer langfristigen Strategie die europäische Kultur zu zerstören suchte.«[40]

Nicht anders verhält sich Bernd Rabehl, einst Rudi Dutschkes Weggefährte. Er machte spätestens 1998 eine Kehrtwende, als er seine Rede vor der Burschenschaft Danubia hielt, in der er vor einer kulturellen »Überfremdung« warnte. Dann trat er bei der NPD und der DVU als Redner auf. Seine Altherrenerklärungen ermunterten fast zum Lachen über so viel Schwachsinn, doch für mich war das Anlass zur Trauer, über den Zusammenbruch eines großen Geistes: »Ich bin rechts, weil es keine Linke mehr gibt«, rechtfertigt er seinen Niedergang.[41]

Rassisten kann man nicht aufklären. Beweist man ihnen die Falschheit einer ihrer Aussagen, ziehen sie das nächste Vorurteil aus der Westentasche; und wenn nichts mehr bleibt, kommen sie mit der

Geilheit der Fremden. Es ist ein Vorurteil, aber damit projizieren die Herren ihre Phantasien und ihre eigenen unterdrückten Wünsche auf den Fremden. Das daraus entstehende Feindbild ist eine amorphe Mischung aus verschiedensten rassistischen Klischees.

Die »Medienintellektuellen«, die eigentlich über genug Wissen verfügen sollten, haben keinen Ratschlag für Politiker, für Helferinnen und Helfer und schon gar nicht für die Geflüchteten selbst. Nur dann wären sie, auch wenn sie sich irren sollten, in meinen Augen Intellektuelle. Nein, sie haben kein weises Wort, weder aus Vernunft noch aus Mitleid, geschweige denn aus Liebe. Vielmehr reagieren sie zynisch aus der Ferne ihres Stammtischs. Herfried Münkler gab eine wunderbare Replik darauf:

> »Wer darauf verzichtet, politische Ratschläge zu geben, kann sich solch einen Affekt leisten. Dann ist es ihm unbenommen, in abschätzigem Ton von »Strategie-Versteherei« zu sprechen und sich überhaupt als jemanden zu outen, der von Politik nichts versteht und auch nichts verstehen will [...]. Er ahnt, dass er sich dann als zu klein geraten erweist. [...]. Solange die Bun-

desrepublik ein Akteur ohne größere politische Spielräume und ohne politische Handlungsmacht war, hat sie sich diesen Typus des öffentlichen Intellektuellen folgenlos leisten können [...]. Aber das ist vorbei, seitdem Deutschland zum zentralen Akteur der europäischen Politik geworden ist.«[42]

Wer permanent an einem Problem vorbeidiskutiert, ohne eine konstruktive Kritik oder einen Lösungsansatz anzubieten, trägt massiv zur Gleichgültigkeit bei. Nicht erst seit Émile Zola[43] und seinem Einsatz für Alfred Dreyfus wissen wir, dass sich ein humanistischer Intellektueller, geleitet von seiner Überzeugung von der absoluten Gerechtigkeit, der Gleichheit der Menschen, dem Recht aller Menschen auf Freiheit und Würde, für die Entrechteten öffentlich einsetzen und gegen Willkür, Arroganz und Unmenschlichkeit der Mächtigen auftreten soll.

Er kritisiert schonungslos *die Taten* und benennt *die Täter*. Die kulturelle, religiöse oder ethnische Zugehörigkeit der Täter interessiert ihn überhaupt nicht. Seine Kritik ist fundiert und gegen jede Anzweiflung der Gegner erhaben. Er besitzt im Grunde keine Macht als solche. Seine Macht liegt in seiner Fähigkeit, Einfluss auf Menschen zu nehmen. Diesen Einfluss kann er nur dann erreichen, wenn er über einen gewissen Grad an Bekanntheit und Vertrauenswürdigkeit sowie über eine eloquente Sprache verfügt, die rational, aber auch emotional Menschen bewegen kann.

Und natürlich muss er das Glück haben, mutige Medien an seiner Seite zu wissen. All der Mut und all die Sorgfalt, die Opferbereitschaft und die Intelligenz helfen nicht, wenn seine Kritik in seinen vier Wänden gefangen bleibt. Er rechnet aber immer damit, allein zu stehen und auch Boykott, Benachteiligung, Diffamierung und sogar Strafen aller Art zu bekommen.

Zola wurde damals wegen Verleumdung des französischen Militärs und dessen Gericht zu Gefängnis- und Geldstrafen verurteilt, weshalb er nach London flüchtete und dort ein Jahr bleiben musste, bevor der Schuldspruch gegen ihn aufgehoben wurde.

Der reaktionäre Kritiker dagegen greift immer eine Gruppe an, in der Regel eine Minderheit, und wenn er Namen nennt, so interessiert ihn weder der angegriffene Mensch noch dessen Thema. Er beeilt sich, die »Schuld« dieser Person auf deren fiktive oder reale Herkunft oder Zugehörigkeit zurückzuführen, sodass ein allgemein bekanntes Vorurteil bestätigt und angefeuert wird. Solcher Kritiker ist in der Regel feige, aber er muss sich auch nicht vor seinen ohnmächtigen Gegnern fürchten, denn er hat mächtige, einflussreiche Kreise hinter sich und sein Opfer ist in der Regel hilflos. Seine Handlung löst Unmut, Zorn und Gewalttaten gegen die beschuldigte Gruppe aus.

Um bei dem historischen Fall Dreyfus zu bleiben: Die Antisemiten entfachten nicht nur in Frankreich, sondern auch in den Kolonien während der Dauer der Dreyfus-Affäre eine generelle Pogromstimmung gegen die Juden, zu denen Dreyfus gehörte.

Leider ist es gerade im deutschsprachigen Raum nicht üblich, dass Medien sich auf die Seite der Humanisten schlagen. Eher bieten sie – aus Furcht vor Autoritäten und auch aus rein merkantilischen Berechnungen – ein Podium für die rassistischen Provokateure. Nie zuvor hatten die Rassisten so viel Raum in den bekanntesten Medien, Magazinen und Zeitungen in Deutschland, der Schweiz und Österreich, wie sie ihn seit 2015 für ihre dumme Hetze gegen die Geflüchteten bekommen.

Der Medienintellektuelle

Oft haben die Hetzer von heute eine linke Vergangenheit. Waren sie aber wirklich Linke? Sind sie jetzt Rechte? Weder noch! Sie sind Kleinkrämer, die mit ihrem Bauchladen das verkaufen, was billig ist und deshalb bei vielen Armseligen ankommt. Ihre Ware geht zum Ärger aller Humanisten gut, denn die Festlegung von Stereotypen bei Minderheiten dient, wie beim Orientalismus, der Hebung des Bewusstseins der Mehrheit und führt zur Vertiefung der Misere und Isolation der Minderheit.

Ihre Kehrtwende ist nicht launisch, sondern folgt dem Diktat ihrer Eitelkeit und der Medien. Und zu ihrem zweifelhaften Ruhm haben sie ihre Ziele erreicht. Nie zuvor waren die Hetzer in den Medien präsent wie in der heutigen Zeit. Michael Schneider hat in einem hervorragenden, präzisen Artikel die Mechanismen entlarvt, durch die solche Denker a.D. zu den Medien gelangen:

> »Die Diktatur der Quote aber hat letzten Endes eine viel nachhaltigere und wirksamere Zensur (und Selbstzensur) im Gefolge, als jede staatliche Zensurbehörde sie durchzusetzen vermöchte. Denn sie vollzieht sich anonym, vermittelt nur über den Druck und die »natürliche Auslese« des Marktes [...], die sich als Schere im Kopf der meisten Medienmacher reproduziert.«[44]

So besehen erklärt das den Charakter eines neuen Intellektuellen,

> »[...] den Régis Debray den ›endgültigen Intellektuellen‹ nennt. [...] Er streitet

nicht mehr für eine alternative und gerechte Gesellschaftsform, sondern er wechselt seine geistigen und politischen Magazine im Rhythmus der Konjunktur aus, um am Mainstream teilzuhaben. [...] Er ist zum Medienintellektuellen geworden, der erstens sich selbst verkauft und vermarktet, und zweitens das, was der Betrieb verlangt.«[45]

Dieser neue Typus von Intellektuellen steht in absolutem Gegensatz zu dem, was man bisher unter diesem Begriff verstand.

Es gibt unter den Medienintellektuellen Profis, die stets Anlässe finden, um in den Mittelpunkt zu gelangen. Ihr Meister heißt Peter Sloterdijk, bei der Betrachtung dessen Biografie ein Chamäleon wie ein Amateur daher kommt. Er war erst Marxist, dann Esoteriker und Anhänger des Guru Bhagwan/Osho, eines sehr fraglichen Charakters.[46] Sobald es etwas ruhiger um ihn wurde, kam er mit gut vorbereitetem Pomp in die Medien zurück, oft mit Themen, von denen er kaum Ahnung hatte (Genmanipulation an Menschen, Reform des Islam). Genannt sei hier etwa sein Vorschlag, die Steuer der Reichen und Besserverdienenden abzuschaffen und an ihre Stelle »liebevolle, christliche« Almosen zu setzen.[47]

Im Sommer 2015 war es dann Zeit, als einer der erfahrensten Medienintellektuellen mit neuen Provokationen aufzutreten.

Die Methode anderer, weniger begabter, liegt darin, wie Michael Schneider in Anlehnung an Regis Debray beschreibt,

> »[...] dass sie einen winzigen Anlass nehmen, um darauf mit einem Übermaß an ›geschwollenen Wörtern‹ zu antworten. Ihr einziges Ziel sei, ihre im Rhythmus der Konjunktur wechselnden subalternen Meinungen unter die Leute zu bringen, und ihren eigenen Marktwert zu erhalten. [...] die Medienintellektuellen [machen] ihre vermeintliche ›antiideologische‹ und ›ideologiefreie‹ Orientierung zur ›Ideologie à la mode‹. Und nichts ist ihnen verhasster als jener vom Aussterben bedrohte Typus des ›engagierten Intellektuellen‹ und Schriftstellers [...]«[48]

Es gibt aber auch Medienintellektuelle, die nie das Boot gewechselt haben. So beispielsweise Martin Mosebach, der von Anfang an genug Rückhalt in den Medien und bei einflussreichen reaktionären Katholiken fand. Er ist sich seit dreißig Jahren treu geblieben und behauptet heute unter anderem,

Botho Strauß hätte in seiner hetzerischen *SPIEGEL*-Glosse gar nicht die Menschen, sondern die Literatur gemeint.[49]

Noch seltsamer mutet es an, wenn er in seiner Rede bei seinem Münchner Finanzier (nach einem dicken Siemens-Stipendium) anbiedernd behauptet, dass München Fremde inkorporiere. Was meint er damit? Dass München, Bayern oder gar die CSU Fremden gegenüber besonders freundlich wären? Nein, auf dem Oktoberfest habe ihn das selbstverständliche Verhältnis der internationalen Besucher zur bayerischen Tracht beeindruckt.[50] Das sagt ein Mann, der seit vierzig Jahren als Schriftsteller tätig ist. Er plädierte auch mit Botho Strauß für einen Gottesdienst auf Latein[51] und erklärte Papst Franziskus zum Hauptfeind, verglich ihn sogar mit Hitler und Stalin.[52]

Es fällt bei vielen der bisher Genannten auf, dass sie ältere Männer sind. Die Motivation der alternden Herren ist kompliziert und würde für eine Doktorarbeit eines begabten Psychologen ausreichen. Im Rahmen dieses Essays ist sie kaum zu behandeln. Sie hat mit der Angst des weißen Mannes vor den Massen der Unterdrückten anderer Länder zu tun, unter anderem aber auch mit der Angst vergessener Stars vor dem Sturz in den Abgrund des Vergessens, mit Nihilismus, mit der Impotenz der alten Männer ...

Dabei haben diese alten Herren nichts wirklich Neues erfunden, wie das folgende Zitat zeigt:

>Diejenigen, die hierherkommen, sind im Allgemeinen von der ignorantesten, dümmsten Sorte ihrer Nation. Es ist fast unmöglich, ihnen überkommene Vorurteile wieder zu nehmen [...].
Da sie an die Freiheit nicht gewöhnt sind, können sie mit ihr nichts anfangen. Sie lehnten es bescheiden ab, an unseren Wahlen teilzunehmen, aber jetzt kommen sie in hellen Scharen [...].
Kurz, wenn es nicht gelingt, ihren Zuflussstrom [...] zu lenken, werden sie uns bald an Zahl übertreffen.«

Nein, diese Ungeheuerlichkeit hat nicht Thilo Sarrazin über Muslime geschrieben, sondern Benjamin Franklin, einer der Gründerväter der USA. Und gemeint waren die deutschen Einwanderer. 1751 fragte sich Franklin in einem Artikel: »Warum sollte Pennsylvania, gegründet von den Engländern, eine Kolonie der Fremden werden, die in Kürze so zahlreich sein werden, dass sie uns germanisieren, anstatt dass wir sie anglisieren?«[53]

Haben die Angstmacher Angst vor den Muslimen?

Meine eindeutige Antwort lautet: nein. Nicht nur sie, viele Menschen reisen in Länder, deren Bewohner mehrheitlich Muslime sind, Länder wie Ägypten, Bahrain, Jordanien, Dubai, Katar, Indonesien, Jemen, Syrien (vor dem Krieg), Malaysia, die Malediven, Marokko, Oman, Pakistan, Tunesien oder die Türkei.

Ich kenne viele deutsche Anarchisten a. D., Maoisten a. D., die kein Problem damit hatten und haben, bei arabischen Scheichs und muslimischen Diktaturen zu Gast zu sein. Die Hotels sind mit fünf Sternen versehen, Flug und Futter sind erstklassig. Dieselben Menschen sagen nun jedem, der Ohren hat, sie hätten Angst vor dem Islam.

Der exzellente und engagierte Kabarettist Hagen Rether brachte es in einer *ZDF*-Sendung auf den Punkt: »Angst vor dem Islam! Letztes Jahr sind fast 70.000 Deutsche an Alkohol krepiert. Haben Sie Angst vor Riesling?«[54]

Eine kleine Aufgabe für die »einflussreichen« Medienintellektuellen

Alle Versuche, die meine Freunde und ich im Jahre 2012 unternahmen, europäische Politiker dazu zu bewegen, Geflüchteten in den umliegenden Ländern ihrer Region zu helfen, so dass sie dort menschenwürdige Aufnahme finden würden, scheiterten. Die Türkei, der Libanon und Jordanien wurden im Stich gelassen, die EU hat die Hilfe im Jahr darauf sogar gedrosselt.

Auch der zweite Versuch scheiterte, nämlich europäische Politiker zu überzeugen, Druck auf die Ölstaaten am Golf auszuüben, die bis heute keine Geflüchteten aufnehmen und keinen Cent Hilfe anbieten. Sie schwimmen in Milliarden und heucheln sunnitische Bruderschaft mit den syrischen Geflüchteten. Sie sollten wenigstens den Aufnahmeländern genug Geld spenden, um Geflüchtete aufnehmen und betreuen zu können, ohne dass diese wirtschaftlich Schaden davontragen.

Dubai nimmt keinen einzigen Flüchtenden auf, nur räuberische syrische Milliardäre, denen man Straffreiheit garantiert, unter anderen den Cousin von Baschar al-Assad Rami Machluf. Man schätzt das gesamte geraubte Geld, das Dubai beherbergt, auf 150 Milliarden Dollar.

In einem Interview des *FAZ*-Redakteurs Rainer Hermann im Mai 2016 mit dem saudischen Außenminister Adel al-Jubeir bekam der Minister die Gelegenheit, seine lächerliche Lüge zu verbreiten, Saudi-Arabien habe zwei Millionen syrische Geflüchtete aufgenommen.[55] Durch Nachfragen oder einen Faktencheck seitens des Redakteurs hätte diese Passage schon damals als das entlarvt werden können, was sie war: Propaganda.

Wenn unsere Initiative Erfolg gehabt hätte, wären die Geflüchteten kein Problem, sondern ein Segen für die Aufnahmeländer in der Region. Das wäre auch zivilisatorisch eine einzigartige Erfahrung, mit dem globalen Problem der Flucht umzugehen. Die Geflüchteten wären gerne in diesen Erstaufnahmeländern geblieben, hätte man durch Investitionen dort für sie Arbeitsplätze geschaffen. Auch eine wann immer mögliche Reintegration in ihre Heimat ließe sich einfacher und besser umsetzen, wäre für den Wiederaufbau viel effektiver. Darüber hinaus wäre der Druck des Westens im Interesse der Geflüchteten eine bedeutende politische Maßnahme gegen die IS-Hasspropaganda gewesen und hätte kulturelle Gegenkraft gehabt.

Keiner dieser Vorschläge wurde realisiert. Ganz im Gegenteil, mit den Ländern wurden Waffengeschäfte getätigt, sogar mit Saudi-Arabien (Deutschland) und Katar (USA)! Und bei einem Waffengeschäft über zwölf Milliarden Dollar bleiben die Menschen und deren Rechte auf der Strecke.

Und was vernimmt man von den Medienintellektuellen? Kein Wort der Kritik, geschweige denn Protest dagegen.

Manchmal machen einen die Ansichten mancher »besorgter Intellektueller« sprachlos. Sie reden so, als lebten sie auf einem anderen Planeten. Einer von ihnen ist Uwe Tellkamp, über den der Journalist und Autor Daniel Bax berichtet:

> »Die meisten Asylbewerber – ›95 Prozent‹, so Tellkamps grobe, völlig aus der Luft gegriffene Schätzung – flöhen nicht vor Krieg und Verfolgung, sondern wollten nur in die deutschen Sozialsysteme einwandern. [...] Tatsächlich trug Tellkamp die versammelten Thesen der Wutbürger vor, wie man sie nur wenig gröber auch von Lutz Bachmann kennt.«[56]

Im Kulturpalast bekannte er seine Angst vor einem radikalen Bevölkerungswandel und vor Muslimen, er bemühte dabei unrealistisch hohe Zahlen und unterstellte eine Art Verschwörung der Herrschenden gegen das Volk.

> »Zu den Erstunterzeichnern dieser ›Erklärung 2018‹ gehörten neben Uwe Tellkamp die Ex-DDR-Bürgerrechtlerin Vera Lengsfeld und andere notorische

Rechtspublizisten wie der Ex-Finanz-
senator und Ex- Bundesbank-Vorstand
Thilo Sarrazin, der Ex-Spiegel-Redak-
teur Matthias Matussek, die ehemalige
Tagesschau-Sprecherin Eva Herman,
die wegen fragwürdiger Aussagen zur
NS-Vergangenheit bei der ARD in Un-
gnade gefallen war.«[57]

All diese alten Herren und Damen leiden unter
einer Demenz des Gewissens. Mein Vorwurf gegen
sie wiegt Berge. Fünf Jahre lang (2015-2020) habe
ich ihre Interviews und Artikel gelesen und in
keinem ihrer Beiträge habe ich auch nur ein Wort
gefunden über den Raub der Reichtümer aus den
arabischen Ländern oder die Waffengeschäfte mit
deren Diktaturen, die diesen Raub verwalten. Das
ist eine vorrangige Ursache der Flucht. Sie alle sind
belesen genug und wissen ganz genau, dass sie
lügen, wenn sie diese Ursache verschweigen. Sie
lügen, weil sie diesen Zustand nicht verändern
wollen. Und ich kann sie gerne *beunruhigen:*
Heuchelt so viel ihr wollt, das wird den Verlauf der
Geschichte nicht einen Deut beeinflussen, der Raub
der Reichtümer wird immer Millionen in die Flucht
schlagen. Alle Stacheldrähte und Mauern der Welt
werden die Hungernden und Entrechteten nicht

daran hindern, Wege zu suchen, um in Würde zu überleben.

Leider ist auch die Mehrheit einer Bevölkerung in allen Ländern gegenüber den Opfern von Hass und Verfolgung oft gleichgültig, sonst hätte beispielsweise die Mehrheit der Menschen im Dritten Reich nicht weiter »normal« gelebt. Nein, sie feierten, gingen in die Kirche, hörten klassische Musik und küssten ihre Kinder zärtlich, während sie Zeugen der Pogrome gegen Juden, Sinti und Roma sowie andere »Unerwünschte« wurden.

Was uns das Leben lehrt: Wissen und geniale Begabungen reichen nicht aus, um Menschen zu weisen, humanistischen Denkern zu machen, wenn das Herz, die Seele oder meinetwegen der Bereich im Gehirn, der für Ethik und Humanität zuständig ist, unterentwickelt ist. So viel Genialität auf mehreren Gebieten wie der Fremdenhasser Benjamin Franklin oder der Antisemit Henry Ford besaß kaum ein anderer Amerikaner. Durch die Geschichte finden sich immer wieder solche Fälle von klugen Menschen, die aber in den rassistischen Denkweisen ihrer Zeit gefangen sind. Dabei haben es die wenigsten geschafft, über den eigenen Tellerrand zu schauen. Wie tröstlich wirkt hier eine mutige Haltung des Jüdischen Vereins in Berlin:

»Wir erinnern daran, wann und wie aus religiöser oder ökonomischer Judenfeindschaft mörderischer Antisemitismus geworden ist. Das macht uns misstrauisch gegen jede selbstgefällige Polemik, die den Islam und mit ihm die gesamte muslimische Gemeinschaft zur verdeckt sprudelnden Quelle jenes brutalen extremistischen Terrors erklärt, der gerade auch gegen unser Volk gerichtet ist. Gegen diesen haben wir uns auch mit Muslimen verbündet.«[58]

Umso bestürzender ist es, zu sehen, wie oft Autoren und Autorinnen, die Preise verliehen bekommen, deren Namensgeber große Humanisten waren (und sogar manchmal wegen ihrer Gesinnung im Exil starben, wie Georg Büchner oder Heinrich Heine), eine unmenschliche Haltung gegenüber Verfolgten und Geflüchteten zeigen. Hätten die Damen und Herren auch die Ausweisung Georg Büchners aus der Schweiz verlangt?

Warum werden die Geflüchteten gehasst?

Die Rolle und Wirkung der Geflüchteten ist genau das, wofür die Rechtsradikalen sie hassen: Sie machen deutlich, was in unserer Welt nicht stimmt: Die Ungerechtigkeit, der Ausraub ganzer Kontinente, die Unterdrückung der Würde. Im Grunde zeigen sie uns das, was wir alle wissen, was aber die Rassisten um keinen Preis zugeben wollen. Die Geflüchteten sind Vorboten und Mahner einer weltweiten Verelendung. Schauen wir uns an, was der mittlerweile aus der SPD verabschiedete Thilo Sarrazin als Lösung vorschlägt:

> »Der Hamburger Wochenzeitung erklärte er, was er tun würde, wenn er Chef der europäischen Grenzschutzagentur ›Frontex‹ wäre: »Ich würde jedes Schiff aufbringen. Und wenn es kein Handelsschiff ist, würde ich die Insassen an exakt dem Punkt an der afrikanischen Küste absetzen, wo sie gestartet sind, und das Boot zerstören. Sie können sicher sein: Nach sechs Wochen bricht keiner mehr auf, und es wird auch keine toten Bootsflüchtlinge mehr geben.«[59]

Welche Lichtjahre trennen diesen Menschen von August Bebel und Willi Brandt?

Bilder der Aggressionen

Edward Saids Theorie, so genial sie war, reicht heute nicht mehr, um die Beziehung Europas zu den arabischen und islamischen Staaten zu erklären. Gabriele Dietze hat 2009 präzise formuliert, was man bei einem sensiblen Blick langsam erkannte: Der Aufstieg der Islamisten in den arabischen Ländern als Folge des Zusammenbruchs aller Illusionen über den Nationalismus stellte für die Europäer eine externe Bedrohung dar. Die Anfänge der Bildung von Parallelgesellschaften erzeugten intern eine dumpfe Angst, die nun den Mächtigen willkommen war. Deutschland und Europa suchten eine kollektive Identität. Der Westen hat sich bis dahin in Abgrenzung zum Ostblock definiert. Nach dem Zusammenbruch des Ostblocks entstand, wie Dietze es nennt eine »Identitätsleerstelle«.[60]

Sie wurde nun mit dauerhaften Kontrahenten gefüllt: christliches Abendland gegenüber dem orientalischen Anderen. Dadurch entstand eine neue Abgrenzung und damit Definition des Eigenen. Der orientalische Andere beinhaltet alle abstoßenden Elemente: Terrorismus, Islamismus; grausame Patriarchen und Rückständigkeit, was dem Westen erlaubt, sich als zivilisiertes, überlegenes Abendland zu fühlen. Auf diesen Saiten spielen die Hetzer ihre scheußliche Musik.

Die Sprache von Botho Strauß, Rüdiger Safranski, Peter Sloterdijk oder Frank Böckelmann wird eins-zu-eins im Vokabular der rechten Zeitung Junge Freiheit eingesetzt: »Infantilisierung«, »Meinungsdiktatur«, »Vergewaltigung«.[61]

In einer klugen Erklärung über Negativ-Framing entlarvt Maximilian Ernst die Strategie dieser Hetzer:

> »Durch Wiederholung von Begriffen unsere Wahrnehmung beeinflussen, indem sie sich auf einen negativen Aspekt konzentrieren und dies mit den Geflüchteten in Verbindung bringen. So etwa durch Schlagworte wie »Krise«, »Kosten«, »fremde Kultur«, ohne dabei die eigene Verantwortung an diesem Zustand der Welt zu bedenken und auch ohne die vorhandenen Gesetze des Landes, die Menschenwürde, den Flüchtlingsschutz und andere völkerrechtliche Verpflichtungen zu berücksichtigen oder gar zu erwähnen. [...] so werden die Flüchtlinge in den Köpfen der Menschen automatisch nur mit

negativen Effekten verknüpft. Und das setzt sich fest. Flüchtlinge bedeuten dann nur oder vor allem Ärger.«[62]

Folgen der dauernden Herabwürdigung

Der große Druck, der durch verbale Angriffe der Populisten und Rechtsradikalen und auch durch die physische Gewalt der Rassisten gegen Geflüchtete und ihre Heime ausgeht, verursacht Deformierungen bei den Geflüchteten, die ohnehin in anormalen Zuständen leben. Ich bin kein Psychologe, sondern ein Schriftsteller, der gerne Menschen zuhört. Hier in kurzer Form das Resultat meiner Beobachtungen:

Manche Geflüchtete idealisieren ihre Ursprungsheimat bis hin zum Lob der Diktatur, die sie aus ihren Häusern gebombt oder gar gefoltert hat. Sie bevorzugen eine fließbandschnelle Schein-Assimilation nach dem Motto »Lieber gesichtslos getarnt als wegen des Andersseins beschimpft und bedroht zu werden.« Andere befürworten eine absolute Abschottung gegen die deutsche Gesellschaft, auch gegen die Helferinnen und Helfer, was letzten Endes Parallelgesellschaften erzeugt.

Neben solchen traurigen Resultaten in Folge einer Flucht- oder Vertreibungsgeschichte gibt es zwei sehr unangenehme Verhaltensweisen unter

Migranten oder ihren Nachkommen, die unter anderen Umständen zu- oder einwanderten: Eine Gewinn bringende, aber charakterlose Darstellung, in der jemand bewusst, kalkuliert und nicht aus Angst, genau das Kostüm anzieht, das die Rassisten für ihn geschneidert haben. Er gibt etwa den dummen »Orientalen«, wie ihn die weißen Herren wünschen. Einige dieser lächerlichen Auftritte beobachtete ich in Deutschland: Der eine zieht im Backstage seine Jeans und modische Lederjacke aus und einen mächtigen Turban und arabisches Gewand an, um auf der Bühne, mit oder ohne Bauchtänzerin, mit oder ohne Schischa langweilige Geschichten mit übertriebener, affiger Gestik zu servieren. Eine andere erzählte vor einem mickrigen Zelt sitzend und als Beduinin verkleidet ihre Geschichten.

Das andere ist die noch hässlichere Maske, die Menschen mit krankhaftem Minderwertigkeitskomplex zur Schau tragen und denen ein entsprechend starkes Bestreben nach Prominenz zu eigen ist. Sie nutzen die Gunst des Augenblicks, beschimpfen Fremde und Muslime, mit denen sie eine ähnliche Herkunft verbindet, um den weißen Herren zu zeigen, dass seine Erziehung Früchte trug. Es gibt kaum einen befremdlicheren Anblick, als den von Akif Pirinçci und Hamed Abdel-Samad, wenn sie als Redner bei der Pegida auftreten. Ihre

Hasstiraden gegen Muslime und Geflüchtete übertreffen die der AfD. Aber auch Achille Demagbo, der 2003 aus dem westafrikanischen Benin kam, beherrscht schon lange die opportunistische Kunst, auf der vermeintlichen Siegerseite zu stehen. Er war solange Anhänger von Bernd Lucke, bis dieser abgesägt wurde, dann war er Anhänger von dessen Rivalin Frauke Petry und heute singt er das Lied von Alexander Gauland und Björn Höcke und bescheinigt ihnen ungefragt große Humanität. Wenn er mahnt, dann so: »Wir dürfen Deutschland nicht mit Afrikanern überfluten, weil es einfach zu viele davon gibt.«[63]

Ist das eine Willkommenskultur?

Auf meiner Tournee in den Jahren 2015 und 2016 habe ich nicht nur Gleichgültigkeit erlebt, sondern auch eine überwältigende Solidarität und ein unglaubliches praktisches Engagement von vielen aufrechten Mitmenschen. Politik und Parteien ließen diese Helfer nicht selten allein. Das Wort »Willkommenskultur« passt hier genauso wenig wie der erfundene Begriff vom »arabischen Frühling«. Es geht um Menschen, die Solidarität und Humanität ohne viele Worte praktizierten, weil sie ihre Geschichte verstanden haben.

Was ist aber Willkommenskultur? Der Begriff ist nicht erst im Spätsommer 2015 kreiert worden, sondern

> »[...] schon rund sechs Jahre zuvor, als Ende 2009, Anfang 2010 die Bürden der Finanzkrise abgetragen schienen und sich, gleichsam über Nacht, ein Fachkräftemangel bemerkbar machte, der den Wirtschaftsaufschwung zu gefährden drohte. Eine neue »Willkommenskultur« sollte Deutschland fit machen für den globalen Wettbewerb um die besten Köpfe, für die High Potentials, die bis dahin doch lieber in die USA oder nach Kanada gezogen waren, als auf deutschen Ausländerbehörden Wartenummern zu ziehen.«[64]

Der Begriff wird heute von den fremdenfreundlichen Deutschen als Solidarität »von unten« verwendet, während die fremdenfeindlichen Gegner ihn als Schimpfwort gebrauchen, als »[...] Inbegriff aller Übel einer Politik, die dem Terror die Türen öffne und allzu nachgiebig mit dem Islam umgehe.«[65]

Die Solidarität, die großartige Deutsche gezeigt haben, hatte wenig mit Romantik oder Gefühlsduselei zu tun. Es war eine zivilgesellschaftliche

Reaktion auf die Brandanschläge gegen Asylwohnheime und ein Auffangen der Versäumnisse der Regierung Merkel. Es war und ist ein opferbereiter, selbstloser Kampf, um der Demokratie und der Freiheit würdig zu sein. Ein Mensch, der auf Kosten seiner Ruhe den geflüchteten Menschen Hilfe leistet, ist für mich weiser als die genannten alten Herren, die Bücherregale durchstöbert haben und trotzdem so dumpf und nationalistisch handeln.

Hier ist eine Kritik an den Medien angebracht, die uns dauernd mit den »Problemen« berieseln, die die Geflüchteten »mitverantworten« und kurz darauf mit den Kommentaren der Rechtsextremisten. Die Solidarität mit den Geflüchteten wird meiner Meinung nach zu wenig als Sternstunde der Demokratie und der bewussten offenen Gesellschaft beachtet. Wir wissen, dass die Fokussierung auf Probleme, Gefahren, Terror et cetera sehr wohl die Zahl der Rezipienten anwachsen lässt. Das wusste die *Bild*-Zeitung seit ihrer Gründung, aber die engagierten Medien müssen endlich innehalten und über ihre gesellschaftlichen Aufgaben nachdenken.[66]

Und heute?

Dieser Essay entstand über längere Zeit. Heute, im März 2021 schließe ich die Arbeit daran ab, in einer traurigen Welt, in welcher die Menschheit gegen eine Krankheit namens COVID-19 kämpft. Man darf nicht hochnäsig den Richter spielen, die weltweite Pandemie hat die Menschen, Regierende wie Regierte, kalt erwischt. Und wenn man ein Land und dessen Politiker beurteilen will, muss man fair bleiben und es im Vergleich betrachten.

Wir können noch keine endgültigen Aussagen machen, weil diese Pandemie viele unterschiedliche Wege einschlägt, und Länder wie Deutschland, die zu Beginn mit ihren Maßnahmen gut abschnitten, müssen jetzt der Tatsache ins Auge sehen, dass durch Korruption, falsche Verteilungsverfahren und unnachvollziehbare Vorschriften die Kritik wächst. Es gibt nicht unbedingt einen Grund zu jammern, aber dafür tausend Gründe zur Trauer um all die Toten.

Doch was sich die rechten Populisten hier oder in den USA leisten ist ekelhaft. Sie nehmen mit ihrem Handeln die Gefährdung der Bevölkerung in Kauf, nur um als Radikale zu punkten. Sie haben kein Konzept zur Abwehr dieser Pandemie, aber sie sind laut wie Trommeln; und bekanntlich ist eine Trommel umso lauter, je leerer sie ist. Bliebe es bei ihrem Tamtam, so könnte man es abtun, aber sie werden zunehmend kriminell.

Und die selbsternannten »Querdenker« und »Reichsbürger« potenzieren dieses giftige Gedankengut. Sie sind fremdenfeindlich, rassistisch und bisweilen offen antisemitisch. Welch ein Hohn, in diesem Land, in dem über sechs Millionen Juden barbarisch ermordet wurden, auch nur eine Sekunde lang eine Andeutung auf eine jüdische Weltverschwörung zu machen. Dass sogar die Märtyrer der Weißen Rose und Anne Frank missbraucht werden, um der eigenen Sache zu dienen, gehört zur Charakterlosigkeit und Gleichgültigkeit dieser Rechtsextremen.[67]

Die Texte und Aussagen der in diesem Essay genannten »alten Herren« sind mitverantwortlich für die Entwicklung der rechten und extremrechten Szene in unserem Land. Mögen sie sich heute mit aufgebauschten, vernebelnden Worten in Talkshows distanzieren, ganz nach der Methode der AfD-Populisten: »Erst kommt die Provokation, dann das Zurückrudern«, um sich der Verantwortung zu entziehen. Ihre beschämende, menschenverachtende Hetze hat den Weg für Rassisten geebnet. Das werden sie nicht mehr aus der Geschichte tilgen. Es ist für immer dokumentiert.

Ich möchte daran erinnern, dass wir alle gemeinsam zur Kultur der Welt beitragen. Es ist müßig zu betonen, dass bereits im Römischen Reich Menschen aus vielen Kulturen am Staatswesen und Zivilleben mitgewirkt haben. So ist es bekannt, dass der Anteil der syrischen Juristen, die die römischen Gesetze mitformuliert haben, hoch war. Es sind Gesetze, die sich bis heute in den europäischen Verfassungen wiederfinden. An erster Stelle bewundere ich hier Papinian, der im Jahre 142 in Homs (Mittelsyrien) geboren wurde, und den Kaiser Caracalla 212 hinrichten ließ. Letzterer hatte seinen eigenen Bruder Geta hinterlistig ermorden lassen und wollte von Papinian, der ein angesehener Jurist war, eine politisch-juristische Rechtfertigung bekommen. Papinian weigerte sich und wurde für seine Aufrichtigkeit getötet.[68]

Auch der jahrhundertelange Austausch zwischen Muslimen, Christen und Juden in Spanien hat entscheidend zur Entwicklung Europas beigetragen.

Aber warum in der Ferne suchen, wenn die Nähe Beweis genug liefert! Hunderttausende Fremde trugen in jahrzehntelanger Arbeit und mit Fleiß dazu bei, dass Deutschland heute seinen Rang in der Welt hat. Wie viele Gastarbeiter und Einwanderer haben in Kohlegruben, Stahlwerken, der Autoindustrie, Gastronomie, in Naturwissenschaft, Medizin,

Literatur, Malerei, Kunst, Religion, Philosophie oder der Politik mitgewirkt! Nicht nur Uğur Şahin und Özlem Türeci mit ihrer genialen und akribischen Forschung, bei welcher der Impfstoff gegen COVID-19 nur einen Bruchteil darstellt (sie sind außerdem auch weiter darum bemüht, ein wirksames Mittel gegen Krebs zu finden).

Das Bild des Zusammenwirkens der Kulturen wäre noch nicht zu Ende gedacht, wenn man das Land, in dem dieses gemeinsame Leben stattfindet, und seine Verfassung nicht miteinbeziehet. All diese wunderbaren Menschen, ob Arbeiter oder Künstler, Mediziner oder Journalisten, Händler oder Wissenschaftler konnten sich durch die Offenheit, Demokratie und Freiheit der Bundesrepublik Deutschland entfalten. Ich hätte ohne dieses Land nie Rafik Schami werden können.

Aus Beobachtungen während der Corona-Monate stelle ich fest, dass manche der Gleichgültigen auf einmal eine Menge darstellen, die durch die Wirkung der populistischen und auch rechtsextremistischen Ideologen zur aktiven Meute wird.

Sie, die seit Abschluss der Schule vielleicht kaum mehr ein Buch in die Hand nahmen, wiederholen papageienhaft die Sprüche, die ihnen irgendwelche selbsternannten »Experten« ins Hirn pflanzen. Sie, die in vierzig Jahren nie ein politisches Wort oder konstruktive Kritik geäußert haben, sprechen im Tonfall eines Geheimdienstlers von einer Weltverschwörung. Sie sind nichts anderes als das verlängerte Sprachrohr der alten Herren. Sie sind gleichgültig gegenüber millionenfachem Mord, sie sind gleichgültig gegenüber dem barbarischen Tod durch Hunger, Kälte und Ertrinken und sie wollen keine Mund- und Nasenschutzmaske tragen, weil das angeblich eine Einschränkung ihrer Freiheit darstellt.

Solche Massen bildeten den entscheidenden Anhängeranteil im Faschismus. Die überzeugten Nazis wären niemals zu dieser Macht gekommen, wenn nicht ein Heer gleichgültiger Kultur-Analphabeten, Freiheit und Demokratie verachtend, nach einem Herdenführer gesucht hätte. Und er kam und sprach die Sprache, die sie verstanden, und auf einmal war ihnen auch gleichgültig, dass der jüdische Nachbar, Kollege oder Verwandte verhaftet oder ermordet wurde, der seit einer Ewigkeit Freude und Trauer mit ihnen geteilt hat und Deutschland genauso geliebt und verteidigt hat, wie sie. Diese Gleichgültigen sind fast gefährlicher als ihre Ideologen, weil sie schwer berechenbar und genauso schwer auffindbar sind, wenn sie nach einer von ihnen verursachten Katastrophe untertauchen.

Aufstehen gegen die Gleichgültigkeit

Angesichts der gefährlichen Zunahme von Rassismus, Antisemitismus und Frauenfeindlichkeit in der Gesellschaft, wäre es fatal, mit Gleichgültigkeit darauf zu reagieren. Es ist Zeit, die Stimme gegen all diese Menschenfeinde zu erheben.

Was ich hier aufliste, sind Vorschläge, die ich durch Erfahrung und Recherche gesammelt habe. Es ist mein bescheidener Versuch, der aktiven Gesellschaft einen Schritt näher zu kommen, die bewusst lebt und jedweder Art von Menschenverachtung widersteht.

◆ Wir erinnern uns alle an Situationen in unserem Leben, wo wir durch die Gleichgültigkeit der anderen Einsamkeit, Enttäuschungen und Schmerzen empfunden haben. Genauso fühlen sich alle Menschen, die unsere Hilfe brauchen, wenn wir ihnen stattdessen Gleichgültigkeit entgegenbringen. Der erste vernünftige Schritt, um aktiv zu leben, besteht deshalb darin, den Entschluss zu fassen und den Willen zu entwickeln, das lähmende Bleigewicht der Gleichgültigkeit abzuwerfen.

◆ Die Gleichgültigkeit kann man nur Schritt für Schritt besiegen. Man kann nicht über Nacht von einem Gleichgültigen zu einer Person wie

Nelson Mandela, Clara Zetkin, Malala Yousafzai, Angela Davis oder Mahatma Gandhi werden. Nelson Mandela hat selbst geschrieben, dass er sich auch noch während seiner siebenundzwanzig Jahre in Haft aktiv verändert und seine Fehler der Vergangenheit korrigiert hat.

- Es ist ein Aberglaube, wenn wir meinen, solange wir etwas nicht wahrnehmen, existiert es nicht. Die Bekämpfung dieses Aberglaubens ist der nüchterne Blick. Dafür muss man den Mut haben.

- Niemand, der denken kann, ist zu alt oder zu jung zum Handeln. Jede und jeder ist in jedem Alter wichtig.

- Wie oben dargestellt wurde, fördert die Diktatur die Gleichgültigkeit, weil sie dazu beiträgt, Menschen zu einer willens- und gesichtslosen Herde zu machen. So gleichermaßen kann die Gleichgültigkeit die Demokratie auf leisen Sohlen zerstören. Gerade freie Wahlen sind ein Teil der Demokratie und Freiheit, weshalb es wichtig ist, diese auch wahrzunehmen.

- Nicht alle Menschen besitzen die Gabe der Rede, aber die Mehrheit der Menschen verfügt über die Möglichkeit, zuzuhören. Und Zuhören ist der erste Schritt zur Weisheit.

- Niederlagen sind halb so schlimm, wenn man

erkennt, welche Ursachen sie haben; und wenn man das erkennt, verwandelt man die Niederlage in Erfolg. Es ist nicht nötig, Angst vor Fehlern zu haben – die, die nichts tun, machen nur scheinbar keine, ihr Nichtstun ist ihr größter Fehler.

◆ Neugierde auf die Geschehnisse der Welt ist eine Feindin der Gleichgültigkeit. Informieren kann man sich auf unzählige Arten. Man lernt mit der Zeit, durch Vergleich der Informationen mit der Wirklichkeit die Spreu vom Weizen zu trennen. Diese Neugier lässt einen spüren, dass die Ereignisse uns alle angehen, auch wenn man manchmal nicht direkt eingreifen kann.

◆ Unsere Haltung und unser Aktivismus können den Menschen in einer Diktatur als Beispiel dienen und sie bei ihrem Einsatz für Demokratie, Freiheit und Menschenrechte stärken. Jeder Mensch kann durch sein Engagement die Welt verändern. Ein Ozean besteht auch nur aus vielen Wassertropfen.

◆ Die Feinde der Menschlichkeit suchen immer nach einem Sündenbock. Sie finden ihn schnell bei vermeintlich anderen, Kulturen oder Religionen, meist bei Minderheiten. So fühlt man sich als Angehöriger der Mehrheit schnell unschuldig oder gar erhaben. Allein diese dämlichen Lügen, die alle Rassisten gebrauchen, um einen Sündenbock zu brandmarken, sind eine Beleidigung der geistigen Urteilskraft aller Angehörigen der Mehrheit. Dagegenzustehen ist in erster Linie Selbstverteidigung und in zweiter Linie Solidarität mit den Unschuldigen.

- Der Gedanke, dass unsere Probleme durch irgendeine Weltverschwörung verursacht sein könnten, ist sehr gefährlich. Solche Argumente haben in der Regel einen antisemitischen Kern.

- Auch harmlose »Späße« sind ein Problem, wenn sie einzig auf Rassismus, Antisemitismus oder Frauenverachtung aufbauen. Sowohl privat als auch gegenüber Medien gilt es hier, entschieden zu protestieren. Auch große Medienhäuser können sich auf Dauer den Vorwurf nicht leisten, Rassisten, Antisemiten oder Frauenfeinde zu beschäftigen.

- Nur weil jemand sich »Experte« nennt, heißt das noch lange nicht, dass er einer ist. Wenn das Gesagte dumm ist, gilt es, dem zu widersprechen, egal, was für einen akademischen Titel oder wie viele Follower der Urheber auch haben mag.

- Auch Kinder können gleichgültig werden, wenn ihre Eltern ihnen das täglich vorleben. Engagiert sein ist nicht gleichbedeutend mit einem gefährlichen, genusslosen Leben, ganz im Gegenteil: Es ist ein dynamisches Leben, bei dem die Langeweile keinen Platz findet, das Hirn immer tätig bleibt und die Antennen für eine bessere Zukunft sensibel werden, was hilft die Gegenwart, die Mutter der Zukunft, nicht zu zerstören. Deshalb ist es wichtig, immer mit den eigenen und den Kindern der Anderen zu diskutieren und ihnen geduldig die Welt zu erklären. Oft lernt man dabei selbst auch noch das eine oder andere.

◆ Die Befürchtung, dass bei einem engagierten Leben Belastung, Zeit- und Energieverlust zu befürchten sind, stimmt. Aber ein solches Leben mildert das Leid anderer und das sollte Belohnung genug sein.

◆ Es gibt keine Insel der Nichteinmischung. Auch keine politische Stellungnahme ist eine Stellungnahme. Sie bedeutet eine Bejahung der herrschenden Politik.

◆ Aktiv leben bedeutet nicht, die eigene Energie wahllos und überall zu vergeuden. Das führt bald zu Ermüdung oder Frust. Man muss dort aktiv werden, wo es einen betrifft. Hier wird man nicht so schnell aufgeben.

◆ Manchmal mag man sich klein und hilflos vorkommen, besonders nach Niederlagen. Aber es gilt, nicht aufzugeben, sondern den roten Faden eines aktiven Lebens zu finden, um aus dem Labyrinth der Gleichgültigkeit zu entkommen. Wer hätte vor einigen Jahren für möglich gehalten, dass die Katholische Kirche durch die Anklage von Missbrauch in ihren Grundmauern erschüttert würde oder dass allmächtig erscheinende Männer aus Medien, Musik- und Filmindustrie durch die #metoo-Bewegung angeklagt und vor den Richter gebracht würden? Wer hätte gedacht, dass die jungen Menschen die Welt dermaßen aufrütteln würden? Aber das taten und tun sie immer wieder.

Also nicht länger warten. Aufstehen!

Ich bin in einer historisch gesehen doppelten Minderheit geboren: Aramäer unter den Arabern und Christ unter den Muslimen, und durch mein Exil bin ich in eine dritte Minderheit geraten: fremd in Deutschland.

Was lernt der Angehörige einer historischen Minderheit von Kindesbeinen an? Er wird sensibilisiert gegen Fremdenfeindlichkeit jeder Art und entwickelt eine Solidarität nicht nur mit der eigenen Minderheit, sondern mit allen anderen Minderheiten. Und davon bringt ihn keiner ab, auch wenn er mit dieser Meinung allein dasteht. Die Gleichgültigkeit seiner Mitmenschen verletzt ihn mehr als der Angriff der Menschenfeinde.

Populisten lieben aber nicht die Klarheit, sondern den Nebel, mit dessen Hilfe sie besser hetzen können. Sie wissen genau, wenn ein Deutscher ein Verbrechen begeht, so ist es lächerlich, zu behaupten, alle Deutschen seien Verbrecher. Und genauso wissen sie, dass dies auch für Migranten gilt: Auch hier ist der Täter ein Verbrecher und es gilt, ihn nach den hiesigen Gesetzen in einem fairen Prozess zu verurteilen; aber diese Beschuldigung endet definitiv bei seiner Person und darf sich nicht auf alle Angehörigen seiner Nationalität oder Religion ausdehnen.

Mein Prinzip ist sehr klar: Solange Geflüchtete, welcher Religion oder Ethnie sie auch angehören, angegriffen werden, werde ich sie und ihr Recht auf Schutz verteidigen und ihre Angreifer entlarven. Und das tue ich, um der Freiheit würdig zu sein, die ich in diesem Land genieße.

Rafik Schami, Frühjahr 2021

Dank

Ein großer Dank geht an mein Publikum, das meine Unabhängigkeit seit vierzig Jahren mit seiner Sympathie unterstützt.

Emil Fadel danke ich für die große Unterstützung bei der Recherche und für das sorgfältige Lektorat.

Root Leeb danke ich für die bereichernden Diskussionen und ihre unbestechliche, kritische Durchsicht.

Anmerkungen

1   *NZZ am Sonntag* vom 25.8. 2019, S. 26.

2   E-Mail vom 1.4. 2020

3   Über die Verquickungen von Materialismus, Narzissmus und Gleichgültigkeit vgl. Erich Fromm *Vom Haben zum Sein. Wege und Irrwege der Selbsterfahrung.*

4   So wie auch andere arabische Länder Verbrechern gerne eine Sicherheitsgarantie geben, beispielsweise Saudi-Arabien, das die Familie des tunesischen Diktators Ben Ali trotz eines internationalen Haftbefehls nicht ausliefert.

5   Adam Shatz, »Orientalismus gestern und heute«, in *Le Monde diplomatique* (deutsche Ausgabe) 8.8. 2019.

6   Siehe Rafik Schami, Michael Gutzschhahn *Der geheime Bericht über den Dichter Goethe,* Carl Hanser Verlag, München, 1999.

7   Fawzi Boubia »Goethe versus Hegel« in *Grenzen,* Hrsg. Heinz-Dieter Assmann, Frank Baasner und Jürgen Wertheimer, Nomos, Baden-Baden 2014, S. 37-53.

8   Edward Said war nicht der erste; siehe Raymond Schwab: *La Renaissance orientale,* Paris 1950; Norman Daniel *Islam and the West. The Making of an Image,* Edinburgh 1960; Anouar Abdel-Malek: »Orientalism in Crisis« in *Diogenes* 44 (1963) u.a., aber keine dieser Arbeiten hat einen solchen Einfluss gehabt. Saids Werk wurde schnell zum Klassiker.

9   Edward Said: *Orientalismus,* Frankfurt (Fischer Wissenschaft) 2009, in der hervorragenden Übersetzung von Hans Günter Holl. S.146.

10 Zitiert nach Felix Wiedemann »Orientalismus, Version: 1.0« in *Docupedia-Zeitgeschichte,* 19.4. 2012, S. 16.

11 Stuart Hall »Der Westen und der Rest. Diskurs und Macht« in Stuart Hall (Hrsg.) *Rassismus und kulturelle Identität. Ausgewählte Schriften. 2,* Argument-Verlag, Hamburg 1994, S. 137-179.

12 *Les mille et une nuits, contes arabes traduits en français,* erschienen 1704-17, wurde vom damals berühmten Orientalisten Antoine Galland (1646-1715) übersetzt. Die neue Forschung belegt aber, dass die weltweit bekanntesten Geschichten dieser Sammlung (Sindbads Reisen, Ali Baba und die vierzig Räuber etc.) von einem Hochstapler und großartigen Erzähler namens Hanna Diyab aus Aleppo stammen, der sie Galland als echte 1001-Geschichten verkaufte (siehe Muhammad Mustafa Al-Jarush *Al-Layali al-'arabiyya al-muzauara* [Die gefälschten arabischen Nächte], arabisch, Al-Kamel-Verlag Beirut 2011.

13 Karl Ulrich Syndram »Der erfundene Orient in der europäischen Literatur vom 18. bis zum Beginn des 20. Jahrhunderts« in Gereon Sievernich, Hendrick Budde (Hg.) *Europa und der Orient. 800 -1900,* Gütersloh 1989. S. 324-325.

14 Siehe die Debatte nach der fürchterlichen Vorlesung, die Papst Benedikt XVI. am 12.9. 2006 vor Wissenschaftlern an der Universität Regensburg gehalten und in der er den Islam angegriffen hat. Jesus ist für Joseph Ratzinger am liebsten ein Grieche und er würde ihn sehr gerne Latein sprechen lassen. Ich muss ihn enttäuschen: Jesus war ein Jude aus Palästina und er sprach wie alle Menschen dort damals Aramäisch und betete auf Hebräisch.

15 Adam Shatz, »Orientalismus gestern und heute«, in *Le Monde diplomatique* (deutsche Ausgabe) 8.8. 2019.

16 *Frankfurter Allgemeine Zeitung* vom 14.10. 1988.

17 *Bayerischer Rundfunk* am 19.9. 2019. Quelle: https://www.br.de/nachrichten/bayern/klage-abgewiesen-ingolstadt-musste-npd-wahlplakat-haengen-lassen .

18 www.ksta.de/schamisratschlaege .

19 Andreas Pflitsch im *Börsenblatt Spezial* 5/2004, S. 9.

20 Darüber habe ich in meinem Buch *Ich wollte nur Geschichten erzählen* berichtet, erschienen im Verlag Hans Schiler, Berlin 2017. S. 147 ff.

21 Das steht heute noch im Internet: https://kaufleuten.ch/event/rafik-schami/

22 Mona Singer *Österreichische Zeitschrift für Geschichtswissenschaften* 23/2012 (ÖZG), Studienverlag, Innsbruck, 2012, S. 215.

23 Rea Brändle *Wildfremd, hautnah. Zürcher Völkerschauen und ihre Schauplätze 1835–1964*. Rotpunktverlag, Zürich 1995, neue erweiterte Ausgabe 2013.

24 Süddeutsche Zeitung vom 17.5. 2005.

25 Nina Glick Schiller, Data Dea, Markus Höhne: *Afrikanische Kultur und der Zoo im 21. Jahrhundert: Eine ethnologische Perspektive auf das „African Village" im Augsburger Zoo. Bericht an das Max-Planck-Institut für ethnologische Forschung*. Halle/Saale, 2005, S. 45. https://www.eth.mpg.de/3498250/africanZooVillage.pdf

26 Étienne Balibar, Immanuel Wallerstein *Rasse, Klasse, Nation. Ambivalente Identitäten*. 2. Auflage. Argument, Hamburg/Berlin, 1998.

27 Ebd. S. 28.

28 Ebd. S. 32.

29 Zitiert nach Maximilian Ernst »Rechte Provokationen und Tabubrüche – eine Strategie im Kampf um Aufmerksamkeit?« in *Meinung Macht Manipulation,* Michael Steinbrecher, Günther Rager (Hg.), Westend 2017, S.101.

30 Daniel Bax: *Die Volksverführer,* Westend, Frankfurt 2018, S. 98.

31 Botho Strauß »Der letzte Deutsche« in *DER SPIEGEL,* Nr. 41 vom 2.10. 2015. Dazu sollte man die scharfe Kritik von Hans Hütt lesen, die mit den Worten endet: »Nein, das ist keine Glosse. Das ist alles andere als witzig. Was aus diesem schwindenden Geist noch zu uns spricht, ist der Spuk eines Schwelbrands, das Autodafé des großen Autors Botho Strauß. Eine Selbstvernichtung, die sich als Sorgenpüppchen verkleidet. Ein Schmarren.« (vgl. http://www.zeit.de/kultur/literatur/2015-10/botho-strauss-glosse-fluechtlingskrise-spiegel/komplettansicht)

32 Peter Sloterdijk in *Cicero* vom 28.1. 2016.

33 »Die Deutschen sind in der Pubertät« Interview mit der *NZZ am Sonntag* vom 8.11. 2015. Gleichzeitig wirkte er als Angstmacher vor dem Islam in der Weltwoche (https://www.weltwoche.ch/ausgaben/2015-52/politischer-kits ch-die-weltwoche-ausgabe-522015.html) und als Verteidiger der AfD und Gaulands auf *SPIEGEL Online* (https://www.spiegel.de/spiegel/ruediger-safranski-es-gibt-keine-pflicht-zur-fremdenfreundlichkeit-a-1198496.html)

34 »Deutschland fluten? Da möchte ich gefragt werden«, Safranski im Gespräch mit Matthias Matussek, *DIE WELT* vom 28.5. 2015.

35 Vgl. beispielsweise Sebastian Heiser »Spekulationsgeschäft der BVG: Geisterfahrer kommen davon« in *taz.de* vom 27.1. 2014 (https://taz.de/Spekulationsgeschaeft-der-BVG/!5049864/) sowie »Teure Finanzwette der BVG: Keine Ahnung, keine Schuld« in *Süddeutsche.de* vom 27.1. 2014 (https://www.sueddeutsche.de/wirtschaft/teure-finanz wette-der-bvg-keine-ahnung-keine-schuld-1.1872910).

36 Die Presse hat darüber viel berichtet. Hier ist eine gute Analyse: https://publik.verdi.de/ausgabe-2018-04/der-gro %C3%9Fe-ausverkauf/

37 Matthias Matussek *Wie ich von links nach rechts gelangte* https://www.zeit.de/kultur/2017-07/68er-matthias-matus sek-rechtspopulismus-identitaere/komplettansicht

38 Reinhard Jirgl »Die Arglosen im Land« in *Tumult* Nr. 4/2015. Hrsg. Von F. Böckelmann und H. Ebner.

39 Am 19.10. 2015 auf einer Kundgebung vor 20.000 Anhängern der fremdenfeindlichen Pegida.

40 Udo Ulfkotte *Heiliger Krieg in Europa. Wie die radikale Muslim-Bruderschaft unsere Gesellschaft bedroht.* Eichborn, Frankfurt/M. 2007.

41 Malte Herwig »Zwei links, zwei rechts« in *ZEIT-Magazin* Nr. 33/2011 https://www.zeit.de/2011/33/Mahler-Rabehl/komplettansicht .

42 Herfried Münkler »Weiß er, was er will?« in *Die Zeit*, Nr. 12/2016.

43 Émile Zola (1840-1902) gilt als einer der größten französischen Romanciers des 19. Jahrhunderts. Sein offener Brief an den Staatspräsidenten Félix Faure vom 13. Januar 1898 mit dem Titel *J'accuse* (Ich klage an) machte ihn zum Vorbild des engagierten Intellektuellen. Er nannte alle Täter. Es ging um die antisemitische Verurteilung des unschuldigen jüdischen Hauptmanns Alfred Dreyfus. Zolas Stellungnahme führte zur Rehabilitierung Dreyfus' und veränderte die französische Gesellschaft radikal, was unter anderem zum Sturz der klerikalen und konservativen Regierung und zur Trennung des Staates von der Kirche führte.

44 Michael Schneider »Die Medienintellektuellen und der Kreuzzug gegen die Aufklärung und die konkrete Utopie« in *Krieg nach innen, Krieg nach außen*, Klaus-Jürgen Bruder, Christoph Bialluch und Jürgen Günther (Hrsg.) Westend, Frankfurt 2019, S. 25.

45 Ebd. S. 28.

46 Carsten Holm »Im Bann des Weißbarts« *DER SPIEGEL* vom 26.05. 2012, https://www.spiegel.de/spiegel/print/d-85913023.html

47 Peter Sloterdijk plädierte in Basel 1997 und dann, in leicht veränderter Form, noch einmal in Elmau für Menschenzucht und Genmanipulation anstelle des humanistischen, gesellschaftskritischen und mühsamen Wegs, um die ideale Gesellschaft zu erreichen. Man warf ihm Nähe zur nationalsozialistischen Eugenik vor. Die einzige Ähnlichkeit zu den Nazis besteht aber in der gemeinsamen Dummheit, die Natur (Gene) statt der Kultur (Humanität, Kunst, Freundschaft, Gerechtigkeit, Demokratie) als Weg zur Besserung der Menschen zu wählen.

48 Michael Schneider »Die Medien-Intellektuellen und der Kreuzzug gegen die Aufklärung und die konkrete Utopie« in *Krieg nach innen, Krieg nach außen*, Klaus-Jürgen

Bruder, Christoph Bialluch und Jürgen Günther (Hrsg.) Westend, Frankfurt 2019, S. 34 f.

49 *Deutschlandfunk* am 9.10. 2015. https://www.deutschland funk.de/botho-strauss-fluechtlingskulturstreit-etwas-problematisch.694.de.html?dram:article_id=333396

50 *FOCUS Magazin,* Nr. 45/2016.

51 Ich habe seinesgleichen bereits in meiner Dankrede für den Nelly-Sachs-Preis (2007) empfohlen, ihre Romane auf Latein zu schreiben, dann ersparten sie der deutschen Literatur etwas Langeweile. https://www.woz.ch/0751/rafik-schami/von-schmugglern-und-trojanischen-pferden

52 Vgl. dazu *DIE WELT* am 9.4. 2019: https://www.welt.de/kultur/article191586425/Martin-Mosebach-vergleicht-Papst-Auftritte-mit-Hitler-und-Stalin.html.

53 Siehe: Peter Seidel »Benjamin Franklin und die Deutschen« in *Kölner Stadt-Anzeiger* vom 13.10. 2010 http://www.ksta.de/einwanderung--dumme--ignorante-deutsche--6503222 und Edmund S. Morgan *Benjamin Franklin, Eine Biographie,* Beck-Verlag, München 2006.

54 »Neues aus der Anstalt« *ZDF* am 16.11. 2010.

55 »Predigt ein Imam Intoleranz, sollte man seinen Status annullieren« *Frankfurter Allgemeine Zeitung* 28.5. 2016. Allein das Zitat, das den Titel des Interviews bildet, erscheint verlogen; in Saudi-Arabien wird Hass gepredigt. Quelle: https://www.faz.net/aktuell/politik/ausland/nahe r-osten/ predigt-ein-imam-intoleranz-dann-sollte-man-seinen-status-annullieren-riads-aussenminister-im-inter view-14256143.html?printPagedArticle=true#pageIndex _2.

56 Daniel Bax: *Die Volksverführer,* Westend, Frankfurt 2018, S. 147.

57 Ebd, S. 149 f.

58 Irene Runge, Ralf Bachmann, Igor Chalmiev »Zwei Seiten der Medaille: Wider die Islamophobie« *Jüdischer Kulturverein Berlin e.V.* http://www.hagalil.com/archiv/2004/11/islamophobie.htm

59 Daniel Bax: *Die Volksverführer,* Westend, Frankfurt 2018, S.154.

60 Gabriele Dietze »Critical Whiteness Theory und kritischer Okzidentalismus: Zwei Figuren hegemonialer Selbstreflexion« in *Weiß-Weißsein-Whiteness: Kritische Studien zu Gender und Rassismus,* M. Tißberger, G. Dietze, D. Hrzán & J. Husmann-Kastein (Hg.), Peter Lang Verlag, Frankfurt 2009, S. 219-247.

61 Thorsten Hinz »Die Infantilisierung ist gewollt« in *Junge Freiheit* vom 25.09. 2016, http://jungefreiheit.de/debatte/kommentar/2016/die-infantilisierung-ist-gewollt/ und Michael Paulwitz »Raum ohne Volk« in *Junge Freiheit vom 18.09. 2016,* http://jungefreiheit.de/debatte/kommen tar/2016/raum-ohne-volk/

62 Maximilian Ernst »Rechte Provokationen und Tabubrüche – eine Strategie im Kampf um Aufmerksamkeit?« in *Meinung Macht Manipulation,* Michael Steinbrecher, Günther Rager (Hg.), Westend 2017, S.113.

63 »›Ich bin stolz, Afrikaner zu sein.‹ AfD bejubelt Achille Demagbo« *Mitteldeutsche Zeitung* vom 19.11. 2018. https://www.mz-web.de/sachsen-anhalt/-ich-bin-stolz--afrikaner-zu-sein--afd-bejubelt-achille-demagbo-31614910

64 Dietmar Süß »Hochqualifizierte welcome!« in *DIE ZEIT,* Nr. 34/2017. https://www.zeit.de/2017/34/willkommens kultur-duden-cdu-spd-integration

65 Ebd.

66 Rafik Schami »Der Deutsche ist fremd im eigenen Land« in: *Kölner Stadt-Anzeiger* vom 2.4. 2016 https://www. ksta.de/kultur/rafik-schami-ueber-integration--der-deutsche-ist-fremd-im-eigenen-land--23816476-seite3

67 Am 14. November 2020 verglich sich ein elfjähriges Mädchen in ihrer Rede bei einer Kundgebung der *Querdenker 721* in Karlsruhe offen mit Anne Frank: »Wir mussten die ganze Zeit leise sein, weil wir sonst vielleicht von unseren Nachbarn verpetzt worden wären. Ich fühlte

mich wie bei Anne Frank im Hinterhaus, wo sie mucks-mäuschenstill sein mussten, um nicht erwischt zu werden.« Eine Woche später zog eine junge Frau bei einer ähnlichen Kundgebung in Hannover den Vergleich zu Sophie Scholl: »Ich bin Jana aus Kassel und ich fühle mich wie Sophie Scholl, da ich seit Monaten aktiv im Wider-stand bin, Reden halte, auf Demos gehe, Flyer verteile und auch seit gestern Versammlungen anmelde.« Vgl. dazu https://www.zdf.de/nachrichten/politik/corona-querdenken-sophie-scholl-100.html sowie https://www.rnz.de/politik/suedwest_artikel,-querdenken-demo-karl sruhe-elfjaehrige-zieht-anne-frank-vergleich-fuer-geb urtstagsfeier-in-corona-zeit-_arid,581409.html.

68 Der deutsche Barockdichter Andreas Gryphius setzte Papinian in seinem Trauerspiel *Großmütiger Rechtsgelehr-ter oder sterbender Aemilius Paulus Papinianus* ein Denk-mal.

RAFIK SCHAMI kam 1971 nach Deutschland und ist seit 1991 Bürger der Bundesrepublik. Mit Syrien verbinden ihn seine Erinnerungen, dort lebende Freunde und nahe Verwandte und seine stete Aufmerksamkeit auf die politischen wie gesellschaftlichen Veränderungen im Land.

Als Diskussionspartner und Essayist unterstützt er zivilgesellschaftliche Entwicklungen in Deutschland und dem Nahen Osten, die auf Versöhnung und ein respektvolles Miteinander zielen. Schami engagiert sich seit Jahren in der Förderung syrischer Kinder. Mit dem Verleger Hans Schiler ergriff er 2012 die Initiative zur Gründung des Vereins Schams (siehe schams.org).

Schami trieb die Neugier auf neue Literaturen und so war er bereits 1980 Mitgründer der Literaturgruppe Südwind, die 13 Bände mit Autorinnen und Autoren nichtdeutscher Muttersprache herausgab. Seit 2012 ist er Gründer und Herausgeber der Reihe SWALLOW EDITIONS. Ihr Untertitel spricht Bände: *Die Reihe ist zensur-, erdöl-, langeweile- und diktaturfrei.* Als Herausgeber dieser Reihe baut er arabischsprachigen Autorinnen und Autoren eine Brücke zu einem internationalen Lesepublikum und zeigt diesem spannend reflektiert die Wirklichkeit der arabischen Gesellschaften, ihren Reichtum, ihre Tragödien, aber auch ihre Schönheit und Vielfalt.